Ensino de história e consciência histórica

Confira as publicações da Coleção FGV de Bolso no fim deste volume.

FGV EDITORA

FGV de Bolso
Série História

Ensino de história e consciência histórica

Implicações didáticas de uma discussão contemporânea

Luis Fernando Cerri

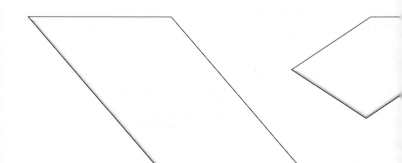

Copyright © Luis Fernando Cerri

1ª edição — 2011; 1ª reimpressão — 2013; 2ª reimpressão — 2014; 3ª reimpressão — 2017; 4ª e 5ª reimpressões — 2020; 6ª reimpressão — 2021; 7ª reimpressão — 2023; 8ª reimpressão — 2025.

Impresso no Brasil | *Printed in Brazil*

Todos os direitos reservados à EDITORA FGV. A reprodução não autorizada desta publicação, no todo ou em parte, constitui violação do copyright (Lei nº 9.610/98).

Os conceitos emitidos neste livro são de inteira responsabilidade da autor.

Este livro foi editado segundo as normas do Acordo Ortográfico da Língua Portuguesa, aprovado pelo Decreto Legislativo nº 54, de 18 de abril de 1995, e promulgado pelo Decreto nº 6.583, de 29 de setembro de 2008.

COORDENADORES DA COLEÇÃO: Marieta de Moraes Ferreira e Renato Franco
PREPARAÇÃO DE ORIGINAIS: Sandra Frank
REVISÃO: Fatima Caroni, Marco Antônio Corrêa e Adriana Alves
DIAGRAMAÇÃO, PROJETO GRÁFICO E CAPA: dudesign

Ficha catalográfica elaborada
pela Biblioteca Mario Henrique Simonsen/FGV

Cerri, Luis Fernando
    Ensino de história e consciência histórica / Luis Fernando Cerri. – Rio de Janeiro : Editora FGV, 2011
    138 p. (Coleção FGV de bolso. Série História)
    Inclui bibliografia.
    ISBN: 978-85-225-0882-2
    1. História – Estudo e ensino. 2. Didática. 3. Historiografia. I. Fundação Getulio Vargas. II. Título. III. Série.

CDD – 907

Editora FGV
Rua Jornalista Orlando Dantas, 9
22231-010 | Rio de Janeiro, RJ | Brasil
Tels.: 21-3799-4427
editora@fgv.br | pedidoseditora@fgv.br
www.fgv.br/editora

Sumário

Introdução	**7**
Capítulo 1	
O que é a consciência histórica	**19**
Consciência histórica, fenômeno humano	27
Capturando a consciência histórica	41
Didática da história, uma disciplina de investigação do uso social da história	47
Capítulo 2	
Conscientização histórica?	**57**
Pensar historicamente	59
A consciência histórica é histórica... e múltipla	83
Capítulo 3	
Consequências para a prática do profissional de história	**105**
Ensinar história para quê, afinal?	108
Consciência histórica e o problema dos conteúdos	124

Palavras finais 129

Referências 133

Introdução

Parece óbvio que o passado e o futuro participam ativamente do presente de nossas sociedades. Esse é o ponto de partida das reflexões que o tema deste livro quer proporcionar. Alguns exemplos sobre o passado que constitui o presente nas sociedades do Cone Sul servirão para iniciarmos as argumentações referentes ao tema da consciência histórica. É na história recente que podemos colher esses exemplos, uma vez que suas conexões com o nosso cotidiano são mais frequentes e significativas. Mas também os exemplos em nossas vidas pessoais podem ser muito interessantes para pensar essa articulação entre passado, presente e futuro.

O último ciclo ditatorial latino-americano, embalado pela Guerra Fria e pela mudança do papel da região no concerto da economia e da política mundial, estendeu-se dos anos 1960 aos anos 1980 e teve um componente adicional: a fratura na sociedade foi tão profunda que suas feridas permanecem abertas até a atualidade. No caso particular do Brasil, a ditadura encontrou uma classe média em ascensão econômica e política, que começava a superar com passos mais largos as marcas de uma sociedade que teve 300 anos de escravidão. No bojo dessa sociedade, o proletariado dos setores mais dinâmicos da economia desequilibrou a balança do controle social em favor da oposição democrática e precipitou o fim da ditadura. A tradição brasileira de conciliação política e transições "pelo alto", sem mudanças expressivas no cotidiano, fez com que ditadura e ditadores saíssem de cena quase despercebidos, sem movimentos populares por ajustes de contas, como foi o caso da Argentina, com seus protestos de rua contra o "ponto final". Mesmo com uma transição tão "anestesiada" como a brasileira, diferente em tantos pontos da transição argentina e semelhante em tantos outros à transição uruguaia, os esqueletos no armário da ditadura não se calaram totalmente. De tempos em tempos, algum protesto, alguma manifestação ou concessão de pensão a ex-presos políticos ou às famílias de desaparecidos por ação das forças repressivas recoloca no centro da cena aquelas feridas cobertas que ainda doem.

Como exemplo dessas agitações periódicas no lago calmo da representação nacional sobre seu próprio tempo, em agosto de 2007 foi lançado mais um livro-relatório da Comissão Especial de Mortos e Desaparecidos sobre a repressão realizada pela ditadura militar brasileira, que governou o país entre 1964 e 1985. Seu lançamento ganhou espaço na imprensa, e o comando do Exército, em nota, mostrou que continua e continuará disposto a manter viva e atuante a sua leitura dos acontecimentos do período. A nota da corporação reafirmou a Lei da Anistia e afirmou que "fatos históricos têm diferentes interpretações, dependendo da ótica de seus protagonistas". Se por um lado aponta a força da permanência das razões militares em sua recente intervenção na vida pública e nos poderes constituídos, por outro essa curiosa peça de relativismo histórico, assinada pelo comandante do Exército, indica o reconhecimento de outras versões e, ainda, que a versão militar encontra-se na defensiva.

A nota foi apresentada ao ministro da Defesa, Nelson Jobim, antes de ser entregue à imprensa. Jobim propôs – e foram acatadas – algumas mudanças no documento e avalizou a publicação do comunicado. Assim, o governo do presidente Lula referendava uma nota com o seguinte teor: "A Lei da Anistia, por ser parâmetro de conciliação, produziu a indispensável concórdia de toda a sociedade [...]. Colocá-la em questão importa em retrocesso à paz e à harmonia nacionais, já alcançadas". Logo a seguir, o ministro da Defesa compareceu à cerimônia de lançamento do livro-relatório e deu um recado aos militares, alertando que eventuais reações contrárias ao lançamento, por parte deles, também seriam respondidas. Um delicado equilíbrio.

O equilíbrio do governo Lula para, por um lado, preservar suas origens políticas na oposição à ditadura e, por outro, não descontentar demais os militares, é similar a outro equilíbrio delicado. O comandante do Exército também se equilibra entre afirmar que os fatos históricos são relativos ao ponto de vista do sujeito, ao mesmo tempo que utiliza os mitos fundadores da instituição para afirmar uma unidade que parece ser questionada quando se afirma que o mesmo Exército, hoje comprometido com a democracia e com a inviolabilidade dos direitos civis, torturou e matou poucos anos atrás. A nota indicava também que

o Exército Brasileiro, voltado para suas missões constitucionais, conquistou os mais elevados índices de confiança e de credibilidade junto ao povo brasileiro [...] não há Exércitos distintos. Ao longo da história, temos sido sempre o mesmo Exército de Caxias, referência em termos de ética e de moral, alinhado com os legítimos anseios da sociedade brasileira.

A própria existência de uma nota do Exército em tensão com o Ministério da Defesa mostra que, além de um passado com sentido em disputa, temos um passado que condiciona o presente.

Pouco mais de dois anos depois, nos primeiros meses de 2010, o tema volta ao noticiário e ao debate nacional com a promulgação do Plano Nacional de Direitos Humanos, que previu um amplo conjunto de ações visando ampliar a democratização da sociedade brasileira, reduzir desigualdades e retomar questões do passado ainda não resolvidas, como a responsabilidade penal dos agentes do governo envolvidos nas violações da integridade física e da vida dos opositores da ditadura. Desagradando aos conglomerados de mídia por propor controle social dos meios de comunicação, à Igreja Católica por tocar na questão do aborto e aos militares por propor a revisão da Lei da Anistia e a criação de uma Comissão da Verdade, o plano foi reescrito para suavizar suas posições dado o potencial de desgastar o governo em um ano eleitoral, como efetivamente ocorreu.

Os pontos do passado coletivo que implicam situações de ruptura e violência acabam por gerar memórias ou esquecimentos traumáticos. Isso é ainda mais intenso quando os grupos contendores são patrícios, e sua luta implica também a definição do sentido da história nacional. Começamos, então, a nos aproximar do tema desse livro a partir de um olhar sobre o uso que é feito da história, passado e presente, para significar o tempo vivido coletivamente e vincular projetos

Ensino de história e consciência histórica

contemporâneos de sociedade, cultura e política ao futuro nacional projetado em função da leitura do passado.

Para os personagens envolvidos nesses exemplos, o passado deve ser deixado em paz, porque tem o potencial de atrapalhar, e mesmo de comprometer, o presente e o futuro. Por outro lado, esses críticos dos mandatários presidenciais que se originaram politicamente no combate às ditaduras militares não pretendem renunciar ao passado, mas buscam referências para a identidade nacional num passado mais distante e (aparentemente) menos controverso.

Podemos, ainda, citar outros exemplos. A conciliação, na rememoração histórica de personagens que representaram grupos e projetos adversários na história, como Tiradentes, o revolucionário de origem militar metido em uma conspiração sediciosa contra a coroa portuguesa, e o imperador d. Pedro I, aproximados pela máquina de propaganda da ditadura sob o general Médici, que os representou como heróis de um processo único, como se passassem o "bastão" da corrida pela independência um para ou outro. Ou entre Rosas, na Argentina, tido como caudilho autoritário e nacionalista, e Sarmiento, presidente liberal e cosmopolita, contrários aproximados pela ritualística cívica no governo de Carlos Menem, quando promoveu a repatriação dos restos mortais de Rosas como estratégia legitimadora da conciliação nacional e do indulto a militares condenados por crimes contra os direitos humanos (Amézola, 2002:133-154).

Lembrar ou esquecer os dilaceramentos da nação realizados sob as ditaduras militares não é, ao contrário do que poderia parecer, escolher entre passado e futuro, mas sim escolher entre distintas articulações de passado, presente e futuro. O passado não está a salvo das intenções do presente de dar tal ou qual significado ao tempo, aos personagens históricos, à nação. O presente – bem como o futuro – depende de um passado relativamente móvel, que possa ser relido. Mas antes de cairmos em discussões sobre a viabilidade ou não da objetividade no estudo da história, que não é intenção desse pequeno estudo, pensemos sobre o significado desses exemplos. Haveria outra maneira de abordar esses assuntos sem esgrimir argumentos históricos, ou seja, referentes ao significado de passado, presente e futuro? Decerto que sim: poder-se-ia, por exemplo, discutir o assunto com base em termos jurídicos, somente, apelando para conceitos internacionais referentes aos direitos humanos e à democracia, por ambos os lados, não considerando a trajetória desses temas no tempo. Pensamos que tal discussão não ganharia o mesmo espaço na mídia e na atenção popular sem os ingredientes históricos, pois não passaria por um conjunto de questões subjacentes: "quem somos nós, coletividade nacional", "de onde viemos e como nossa origem nos define hoje", "para onde vamos, qual é nosso destino comum" e, ainda, "quem sou eu, e de que lado me posiciono".

Discussão semelhante vem das reivindicações dos movimentos negros organizados, no sentido de obter reparações para os cidadãos prejudicados pela escravidão e pelo racismo, de modo que seus descendentes possam recuperar o patamar educacional, econômico e social que poderiam ter tido se não existissem aquelas restrições. Essas reivindicações começaram a ser em parte atendidas por políticas de reserva de vagas para alunos negros ou afrodescendentes em universidades e cargos públicos preenchidos através de concursos. A efetivação de cotas raciais é demonstração de um debate nacional sobre o passado: para que fossem aceitas, foi preciso que pessoas em postos-chave da administração de muitas instituições estivessem convencidas de que a condição de negro está associada a desvantagens pessoais comprovadas estatisticamente; de que essas desvantagens se ligam a um tratamento historicamente desfavorável, devido a instituições e práticas racistas; de que políticas universais (o tratamento igual aos desiguais) não superaram as diferenças e, por fim, de que o projeto nacional brasileiro não comporta que essas situações permaneçam. A negação ou a indiferença a todas essas teses ainda marca parcelas expressivas da sociedade brasileira, mas a criação e a manutenção de políticas afirmativas mostram um deslocamento das opiniões sobre a identidade, o passado e o futuro da nação, que, por sua vez, conduzem a determinadas decisões e investimentos no presente. E esse movimento não decorre de outra coisa senão de deslocamentos na aprendizagem e no ensino da história, em parte dentro da escola, e em parte no debate proporcionado pelos movimentos sociais, pelas ações de parlamentares e administradores ou junto a eles, e pelo debate público em geral.

Tais questões, de fundo identitário, estão na base do conceito de consciência histórica que, em poucas palavras, podemos definir como uma das estruturas do pensamento humano, o qual coloca em movimento a definição da identidade coletiva e pessoal, a memória e a imperiosidade de agir no mundo em que se está inserido. Para evocar a imagem poética judaico-cristã, depois que Deus sopra as narinas de barro de Adão e lhe impulsiona para a vida, esse impulso continua para sempre, até a morte de cada homem e de cada mulher: mesmo que decida não agir, o indivíduo terá optado por uma forma de ação, ainda que passiva e indireta. Mas não basta esse impulso irrecorrível de agir; é preciso saber para onde agir, e essa é a busca por sentido inerente a todo ser humano e à sua história, que se liga à história da coletividade. Temos a necessidade constante de atribuir sentido ao tempo, às origens do mundo, do nosso grupo e da humanidade.

No que se refere à experiência pessoal, podemos ainda exemplificar de outra forma a consciência histórica. Suponhamos uma situação totalmente banal e cotidiana: acordar pela manhã. Se está frio, minha primeira reação biológica é permanecer na cama mais 10 minutos. Se lembro que da outra vez que fiz isso, acabei pegando ônibus lotado ou trânsito pesado no meu caminho para o trabalho, tenho que escolher qual é o conforto que prefiro: mais 10 minutos de cama quente ou ruas mais livres/ônibus vazio. Se decido levantar-me, posso escolher usar os chinelos para ir até o banheiro ou não. Se decido não usar, alguma coisa me incomoda, além de sentir o chão frio: as insistentes vezes em que minha mãe me disse para sempre andar calçado, para não me resfriar. Talvez por esses motivos, de sensibilidade e de memória, eu decida sair da cama e ir calçado ao banheiro. Novamente, ao tomar o café da manhã vou alimentar-me do resultado de escolhas baseadas em interpretações do passado e na cultura de meu país e de minha família: no Brasil talvez eu tome um café com leite e um pão francês com margarina; na Argentina pode ser que eu tome uma *medialuna* com chá; no pampa argentino, no Uruguai ou no sul do Brasil é provável que eu comece o dia com uma cuia de mate. Nos Estados Unidos será comum se eu recorrer a uma tigela com cereais industrializados de milho e leite.

Por outro lado, se concebo a história como uma mera aparência, e acredito que a essência da realidade está num outro mundo, regido por uma divindade, pode ser que eu não saia da cama sem antes fazer uma prece. Essa consciência pode fazer a diferença na hora de decidir entre um abaixo-assinado ou uma corrente de orações, ambos visando a paz no mundo. Essa vinculação fará a diferença no meu dia, que pode ser pontuado por diversos momentos de oração, ou apenas um momento específico, ou a minha ida diária a um templo de minha fé.

Não se passou nem meia hora desde o momento em que despertamos, e já estamos sofrendo a influência de nosso passado, nossa memória e nossa cultura. A consciência histórica, entretanto, não se resume ao passado e à memória, mas às projeções que fazemos para o nosso futuro. Escovarei os dentes para adiar ao máximo a próxima ida ao temido dentista, ou porque quero estar com bom hálito ao encontrar uma namorada daqui a pouco – por mais que minha biologia tenda ao menor esforço e me dê preguiça (ou pressa) de voltar ao banheiro e escovar os dentes, pentear o cabelo, fazer a barba. Projeto o futuro, imediato, de médio prazo ou distante, e com isso tomo as decisões que me permitem agir, porque nunca ajo apenas para que hoje seja igual a ontem, mas trabalho a partir da possibilidade de que no amanhã se realizem minhas expectativas, mesmo que de um cotidiano pacato e seguro. Nessa dinâmica, a minha identidade (constituída em grande parte pela minha história) e a identidade coletiva (constituída em grande parte pela história nacional) são fundamentais. E aqui está a ligação entre a consciência histórica e o ensino de história, bem como com os vários usos sociais que o conhecimento histórico assume.

Quem acreditamos que somos depende de quem acreditamos que fomos, e não é à toa que o ensino de história – escolar ou extraescolar, formal ou informal – é uma arena de combate em que lutam os diversos agentes sociais da atualidade. Definir quem somos e quem são os outros é parte do condicionamento da nossa ação e paixão, e da ação e paixão dos outros. Se eu conseguir convencer meu adversário de que ele é um absoluto incompetente, não precisarei sequer me bater com ele para alcançar a vitória, o que é a mais perfeita definição de sucesso militar, por exemplo. O milenar Sun Tzu já pontificava que a vitória completa se dá quando suas forças não lutam: o cúmulo da habilidade é atingir seus objetivos sem luta. Assim, por exemplo, se minha diplomacia e minha influência na cultura e no pensamento econômico defendem que o livre comércio e a queda do protecionismo econômico são valores em si que, assumidos, levam o país a algum objetivo que parece radiante como "progresso" ou "modernidade", posso lograr desmontar parques industriais inteiros sem ter que bombardeá-los e subjugar outro país economicamente, enquanto sigo protegendo normalmente a minha própria economia da concorrência estrangeira.

Esta reflexão é apenas aparentemente restrita à teoria da história e à sociologia/antropologia do conhecimento histórico. O estudo das formas e conteúdos pelos quais o conhecimento sobre o passado é mobilizado e manipulado publicamente para produzir tais ou quais efeitos públicos e privados, coletivos ou individuais, envolve por completo o estudo do ensino da história e seu aperfeiçoamento, pois desde suas origens europeias no século XIX, nossa disciplina científica e escolar participa intensamente desses jogos de saber-poder. Logo, os professores de história somos também protagonistas desse jogo, voluntária ou involuntariamente, consciente ou inconscientemente. Produzimos, com nosso trabalho, parte de nossas identidades pessoais, políticas e profissionais, e participamos da constituição das identidades dos outros.

Quando nos acercamos de um recorte mais específico de nossas sociedades, os nossos sistemas escolares, a discussão sobre o conceito de consciência histórica vêm abrir uma nova frente de reflexão quanto ao antigo problema: o que é e o que significa ensinar história? Que consequências essa reflexão tem para o ensino? Como os saberes sobre o tempo (nesse sentido, históricos) adquiridos antes, durante e apesar da escolarização afetam o aprendizado, suas características e sua qualidade?

O estudioso alemão Jörn Rüsen (2006) afirma que professores e alunos podem estar trabalhando em sala de aula com quadros e matrizes de significação que nem sempre são conscientes. Podemos exemplificar esses quadros e matrizes com as noções de progresso, decadência e futuro. Considerando isso, pode ser que muitos dos problemas dos alunos no aprendizado da história, dos quais nos queixamos há décadas, venham tendo suas causas incorretamente identificadas, pelo menos em parte. A perspectiva da consciência histórica nos impõe, também, outro ponto de vista sobre a nossa disciplina: o de que ela é resultado de necessidades sociais e políticas na formação da identidade de novas gerações e, portanto, o seu problema não é somente de ordem cognitiva ou educacional, mas também sociológica e cultural. A rejeição de muitos alunos em estudar história pode não ser somente uma displicência com os estudos ou uma falta de habilidade com essa matéria, mas um confronto de concepções muito distintas sobre o tempo, que não encontram nenhum ponto de contato com o tempo histórico tal como aparece na narrativa de caráter quase biográfico das nações ou da humanidade. Talvez, ainda, o "código genético" da disciplina escolar história, nascido no século XIX sob o influxo do nacionalismo, do iluminismo ou do romantismo, do racionalismo, da perspectiva do progresso (ainda que em última instância), imponha a nós, professores, uma concepção de tempo, de identidade e de humanidade que não se encaixa nas visões das novas gerações, marcadas por perspectivas de futuro (e, portanto, de tempo, de identidade e de humanidade) distintas. Pode ser que venha daí a dificuldade de dialogar com a vivência dos indivíduos jovens em convivência com suas comunidades concretas.

O conceito de consciência histórica é ligado, ainda segundo Rüsen, à mudança de paradigma da didática da história nos anos 1960, de acordo com a qual o foco da disciplina passa do ensino para a aprendizagem histórica, e propõe outra mudança no nosso modo de ver o "fazer" da disciplina na escola. Se o ensino da história implica o gerenciamento dos objetivos curriculares e das concepções de tempo e de história que os alunos já trazem consigo desde fora da escola, então o professor de história definitivamente não é um tradutor de conhecimento erudito para o conhecimento escolar, um simplificador de conteúdos. É, sim, um intelectual capaz de identificar os quadros de consciência histórica subjacentes aos sujeitos do processo educativo – inclusive o seu próprio – e de assessorar a comunidade na compreensão crítica do tempo, da identidade e da ação na história.

Por fim, com este pequeno livro temos por objetivo contribuir para a visão de novos quadros de análise da realidade escolar por parte do professor, entendendo-o política e teoricamente como um intelectual, academicamente procurando promover uma maior aproximação entre a teoria da história em processo de reflexão didática e a prática cotidiana do ensino.

Capítulo 1

O que é a consciência histórica

> *"Naquele tempo existiu um homem. Ele existiu e existe, pois narramos sua história. Existiu porque nós existimos. Num certo tempo existirá um homem, uma vez que plantamos oliveiras para ele e desejamos que usufrua do horto."*
>
> Agnes Heller

Até que ponto o passado participa do presente?

O século XIX foi muito profícuo na produção de utopias, ou seja, de projeções de organizações sociais futuras desejáveis, baseadas no que as pessoas eram capazes de perceber do sentido dos homens no tempo. Os revolucionários desse século foram pessoas acostumadas a pensar a criação histórica, ou seja, a capacidade de produzir, primeiro nos planejamentos e depois na prática, novas configurações da economia, da sociedade, da cultura, da política, tornando reais as especulações utópicas dentro dos mais diversos entendimentos do que viria a ser o progresso. Marx tornou-se um clássico, no sentido de um autor cujas contribuições guardam o potencial de ultrapassar sua própria época, ainda que não nos seja dado ignorar a sua historicidade. Imaginar, descrever, estudar a sociedade que viria a ser – um exercício constante de esquadrinhar o futuro – fazem parte das características de sua obra, mas nem por isso ele perdia de vista o peso do passado, dos condicionamentos e determinações sobre a ação histórica criativa. Por isso é que afirma, em uma frase tão citada de *O dezoito brumário de Luis Bonaparte*, que

> os homens fazem a sua própria história, mas não a fazem como querem; não a fazem sob circunstâncias de sua escolha e sim sob aquelas com que se defrontam diretamente, ligadas e transmitidas pelo passado. A tradição de todas as gerações mortas oprime como um pesadelo o cérebro dos vivos.
>
> (Marx, 1961:199)

E, no momento mesmo de criar algo totalmente novo, socorremo-nos das imagens e falas do passado.

Nesta formulação de Marx estão contidos, de forma didática, alguns pressupostos que ultrapassam a obra marxiana e a tradição marxista, e inscrevem-se entre as bases da ciência histórica em construção no século XIX, seja inaugurando, corroborando, seja apenas participando da delimitação desse campo do saber. Temos aí a história como obra humana, entendida laicamente, em vez da história como cumprimento de desígnios sobrenaturais de uma ou mais divindades. Mesmo entendida como realização humana, a história aparece aí como movimento cuja síntese escapa ao controle dos seus agentes, mesmo que coletivamente organizados, mesmo os dotados de enorme poder sobre os outros homens. Mas o pressuposto que nos interessa mais diretamente nesse momento é o de que, no agir sobre o mundo e ser sujeito da história, o passado e suas projeções de futuro são tudo o que está à disposição do homem, como matéria-prima para a sua criação. A criação e mesmo a reprodução são possíveis como recriação do que já existiu: o totalmente novo, o que se livra de todas as amarras do tempo permanece como especulação inatingível.

Talvez essa perspectiva não tenha sido suficientemente considerada nas sociedades contemporâneas que tentaram ser outra coisa que não capitalistas, e que foram classificadas pelo polissêmico nome de "socialismo real" (o meio-irmão do "capitalismo real", que necessita ciclicamente da intervenção do Estado). Mas certamente foi essa a perspectiva que impulsionou uma grande parte dos estudos de história e possibilitou um grande desenvolvimento da disciplina.

Quanto haverá, então, de passado em nosso presente e em nosso futuro? Em que medida o futuro já está comprometido pelas condições dadas pelo passado e pelas soluções que demos no presente? O passado (ou a nossa imagem de passado) é estável ou modifica-se conforme a utilização que fazemos dele? Que fundo de verdade haverá na anedota de que o passado é mais imprevisível do que o futuro? Qual a relação entre o tempo e a imagem que temos de nós mesmos? Quando se mexe no passado, mexe-se também na identidade coletiva? Essas questões sempre se colocam para quem atua na produção e divulgação do conhecimento histórico, mas é nos campos da teoria da história e de sua didática que se colocam com maior premência, pois as respostas põem na berlinda o próprio significado de produzir história e ensiná-la: por que, para quem, desde quando, respondendo a que necessidades, contra o que ou quem, ao lado de quem o fazemos? Qual o sentido, enfim, do não desprezível investimento social que existe hoje em torno da história? Para que a mobilização de um complexo empresarial de distribuição do conhecimento histórico, que vai de editoras de livros acadêmicos a livros de divulgação para o grande público, além de conteúdos digitais nas mais diversas mídias? Sobretudo, como explicar que esse movimento social do conhecimento histórico não faça conta da estrutura tradicional que, imaginamos, vai da produção de textos especializados à sua divulgação no sistema escolar?

Inegavelmente, a história – ou a relação com o passado, ou, ainda, com o tempo – tem um papel muito importante no panorama das coisas que chamam a nossa atenção e mobilizam nosso dinheiro na sociedade moderna. Embora algum tipo de preocupação com a representação da coletividade no tempo seja constante em todas as sociedades, em nossos tempos a produção, a distribuição e o consumo de história se elevaram a níveis industriais.

Nas últimas décadas é possível perceber um esforço assistemático, descontínuo e geograficamente descentralizado de enfrentar essas questões por meio do instrumento conceitual intitulado "consciência histórica". O objetivo deste capítulo não é – nem poderia ser – esgotar o tema ou fornecer um painel representativo ou exaustivo, mas recompor e procurar alinhavar a contribuição de diferentes autores, originários de diferentes lugares, tanto físicos quanto epistemológicos, visando uma maior sistematização sobre a "consciência histórica" e suas implicações sobre o fazer atual da história nos múltiplos espaços que ela ocupa.

O primeiro possível engano a desfazer é que o conceito de consciência histórica que estamos tentando compor aqui seja comum a todos os que se utilizam da expressão. Pelo contrário, às vezes ela é relacionada a realidades muito diferentes ou mesmo excludentes entre si. É em busca dessas diferenças, especificidades, mas também semelhanças, que nos propomos a criar um diálogo com diferentes autores que tomam em conta o problema ou utilizam-se da expressão ou da noção.

Na conferência "A noção de sentido da história", de 1957, Raymond Aron aponta que toda sociedade seria portadora de uma consciência histórica em sentido amplo, mas apenas a sociedade europeia teria uma consciência propriamente histórica, apesar de seus problemas:

> Esta consciência de Europa – com seu aspecto triplo, liberdade na história, reconstrução científica do passado, significação essencialmente humana do devir – ainda que esteja em vias de se converter em consciência histórica da humanidade no século XX, se vê simultaneamente afetada por contradições: no interior de cada um de seus elementos e entre esses elementos.
> (Aron, 1984:105)

Aron toma a consciência histórica predominantemente como uma espécie de consciência política, traçando um painel de como diferentes historiadores, cientistas sociais, filósofos e tendências das ciências humanas buscam a lógica da evolução histórica, compondo um ensaio sobre como diferentes sentidos (no sentido "vetorial" do termo) são atribuídos ao processo histórico. Pelo contrário, estamos buscando pensar, juntamente com os autores com os quais dialogaremos, uma perspectiva de compreensão do fenômeno da consciência histórica, entendida como uma das expressões principais da existência humana, que não é necessariamente mediada por uma preparação intelectual específica, por uma filosofia ou teoria da história complexamente elaborada e sistematicamente aprendida.

Um primeiro aspecto a considerar é se a consciência histórica é um fenômeno inerente à existência humana ou se é uma característica específica de uma parcela da humanidade, uma meta ou estado a ser alcançado. Ou, em outros termos, se estamos tratando de um componente da própria consciência, no sentido geral de autoconsciência, de saber-se estando no mundo, e nesse caso algo inerente ao existir pensando e sabendo, ou se estamos tratando de um nível específico de saber que não é imediatamente característico de toda a humanidade, e, portanto, é uma forma de conhecer à qual é preciso chegar, no sentido de tomada de consciência. Nesse segundo caso haveria, em contraposição à consciência histórica, uma inconsciência ou uma alienação histórica. Outra forma de pensar esse tema é perguntar se os homens são dotados de alguma forma de consciência histórica desde que se organizam em grupos, ou se apenas recentemente a alcançaram.

A segunda opinião é considerada pelo filósofo Hans-Georg Gadamer no desenvolvimento de sua conferência "Problemas epistemológicos das ciências humanas". Para ele,

> o aparecimento de uma tomada de consciência histórica constitui provavelmente a mais importante revolução pela qual passamos desde o início da época moderna. [...] A consciência histórica que caracteriza o homem contemporâneo é um privilégio, talvez mesmo um fardo que jamais se impôs a nenhuma geração anterior. [...] Entendemos por consciência histórica o privilégio do homem moderno de ter plena consciência da historicidade de todo o presente e da relatividade de toda opinião.
>
> (Gadamer, 1998:17)

Ocorre que o personagem que Gadamer chama ora de homem contemporâneo, ora de homem moderno, é um homem adjetivado, e não se refere ao homem em geral. A circunscrição que o adjetivo estabelece exclui todos aqueles que não tenham passado pelo processo histórico chamado de modernização, ou que tenham permanecido refratários a ele, mesmo dentro de sociedades modernas, que são, por definição, heterogêneas. Portanto, o que o filósofo chama de consciência histórica é algo restrito, e o atributo que ele confere a ela mais adiante ("uma posição reflexiva com relação a tudo o que é transmitido pela tradição") assevera sua condição de estágio atingido por alguns seres ou subgrupos humanos (Gadamer, 1998:18). Assim, não desprezíveis camadas sociais dos países centrais e imensas massas nos países periféricos vegetariam num estado de miserável inconsciência da história, sendo ignorantes da historicidade do presente e submetidas ao dogma das opiniões cultural e tradicionalmente consideradas corretas.

Desse modo, essa parte da humanidade está alijada das "subversões espirituais da nossa época" e amarrada à tradição, sem a possibilidade de uma postura reflexiva sobre o que ela transmite. Essa perspectiva permite, inclusive, pensar um papel vanguardista para o conhecimento histórico e seu processo de distribuição pelos setores não acadêmicos das sociedades – inclusive o ensino –, numa obra de "conscientização" histórica. É inevitável que se lembrem os conceitos de "cultura" e de "civilização", também equacionados como características restritas a uma parcela da população mundial, a uma parte de suas organizações políticas – que já foram suficientemente questionadas pelas ciências sociais – como armadilhas do pensamento que acabam por justificar uma postura de superioridade de algumas sociedades sobre outras.

Por outro lado, para que não sobrecarreguemos um só aspecto, Gadamer também talha a noção de "senso histórico", ou seja, "a disponibilidade e o talento do historiador para compreender o passado, talvez mesmo 'exótico', a partir do próprio contexto em que ele emerge". De posse do senso histórico é possível ao indivíduo considerar o passado sem julgá-lo, tendo a nossa vida atual como parâmetro. Mas destaque-se que, nesse ponto, o autor passa a tratar da especialidade acadêmica, e não mais do "homem moderno" ou das subversões espirituais de sua época.

Em suma, assumindo o modelo de Gadamer, a permeabilidade entre o conhecimento especializado (ou acadêmico, ou científico, ou erudito) e o conhecimento das massas sobre a história é dada por um sistema de sentido único, no qual o saber qualitativamente superior flui das instituições socialmente destinadas à produção do conhecimento histórico (universidades, institutos etc.) para instituições de divulgação ou de ensino que atingem a população não especialista e permitem-lhe alcançar – pelo menos de forma razoável – o nível de saber e de estruturas de pensamento que é detido pelos especialistas, ou pelas classes sociais ou mesmo nações "modernizadas". Trata-se do modelo educacional – e mais propriamente do modelo didático – clássico, em que o ato de ensinar se resume a um sujeito "cheio" que preenche com seu conhecimento um sujeito "vazio", o aprendiz que reproduz o saber do mestre. Não por acaso esse modelo se aproxima também do que Habermas chama de razão técnica, cuja principal característica é a relação impositiva entre o saber e o não saber.

Também Phillipe Ariès fala em tomada de consciência da história no texto "A história marxista e a história conservadora (Ariès, 1989). Essa tomada de consciência histórica é entendida no sentido de que o indivíduo passa a aperceber-se da sua condição de determinado pela história, e não apenas de agente dela, relativizando a ideia de liberdade individual e, ao mesmo tempo, possibilitando o surgimento de uma "curiosidade da história como de um prolongamento de si mesmo, de uma parte de seu ser" (Ariès, 1989:50). Na opinião do autor, o que desencadeia esse novo estágio é a percepção de que a história das pequenas comunidades que "protegiam" o indivíduo, fornecendo-lhe o aconchego identitário, deixa de significar um referencial seguro. Por conta do processo de modernização, os indivíduos são desterrados, movem-se de seus lugares físicos, sociais e culturais originais para uma nova situação, na qual as referências são escassas ou inexistentes. Por outros caminhos, Ariès chega a um ponto parecido com o de Gadamer, que é a ideia de que a consciência histórica é um estágio ao qual se chega principalmente por conta de um processo de modernização de todos os âmbitos da vida humana, mas principalmente o âmbito cultural, o âmbito do pensamento, através de um rompimento com a dimensão tradicional.

Consciência histórica, fenômeno humano

Outra vertente pode ser encontrada nas teorias da história de dois pensadores razoavelmente distantes em termos de formação e espaço de exercício da atividade intelectual: Agnes Heller e Jörn Rüsen. Para ambos a consciência histórica não é meta, mas uma das condições da existência do pensamento: não está restrita a um período da história, a regiões do planeta, a classes sociais ou a indivíduos mais ou menos preparados para a reflexão histórica ou social geral. Para isso, "história" não é entendida como disciplina ou área especializada do conhecimento, mas como toda produção de conhecimento que envolva indivíduos e coletividades em função do tempo. Nesse sentido a consciência histórica pode ser entendida como uma característica constante dos grupos humanos, por maiores que sejam as suas diferenças culturais. É expressivo o título do terceiro capítulo do livro de Heller (1993) que estamos utilizando neste texto: "A consciência histórica cotidiana como fundamento da historiografia e da filosofia da história".

Para esta autora, a consciência histórica é inerente ao estar no mundo (desde a percepção da historicidade de si mesmo, que se enraíza na ideia de que alguém estava aqui e não está mais, e de que eu estou aqui, mas não estarei mais um dia) e é composta de diversos estágios, que indicam a inserção da consciência em diferentes contextos da trajetória da humanidade.

Mobilizar a própria consciência histórica não é uma opção, mas uma necessidade de atribuição de significado a um fluxo sobre o qual não tenho controle: a transformação, através do presente, do que está por vir no que já foi vivido, continuamente. Embora seja teoricamente imaginável estar na corrente temporal sem atribuir sentido a ela, não é possível agir no mundo sem essa atribuição de sentido, já que deixar de agir revela igualmente uma interpretação. Na prática também não há opção de atribuir ou não significado ao tempo que passamos ou que passa por nós.

Para Rüsen, o homem tem que agir intencionalmente, e só pode agir no mundo se o interpretar e interpretar a si mesmo de acordo com as intenções de sua ação e de sua paixão. Agir (incluindo deixar-se estar e ser objeto da ação de outrem) só ocorre com a existência de objetivos e intenções, para os quais é necessária a interpretação: há um "superávit de intencionalidade" com o qual o homem se coloca para além do que ele e o seu grupo são no presente imediato. Agir, enfim, é um processo em que continuamente o passado é interpretado à luz do presente e na expectativa do futuro, seja ele distante ou imediato. Assim, a diferença entre tempo como intenção e tempo como experiência compõe uma tensão dinâmica que, por sua vez, movimenta o grupo.

Neste ponto, tanto Heller quanto Rüsen advogam que o pensar historicamente é um fenômeno, antes de qualquer coisa, cotidiano e inerente à condição humana. Com isso pode-se inferir que o pensamento histórico vinculado a uma prática disciplinar no âmbito do conhecimento acadêmico não é uma forma qualitativamente diferente de enfocar a humanidade no tempo, mas sim uma perspectiva mais complexa e especializada de uma atitude que, na origem, é cotidiana e inseparavelmente ligada ao fato de estar no mundo. A base do pensamento histórico, portanto, antes de ser cultural ou opcional, é natural: nascimento, vida, morte, juventude, velhice são as balizas que oferecem aos seres humanos a noção do tempo e de sua passagem. Essa base é compartilhada pelo reitor da Universidade de Berlim e pela criança aborígine na Austrália. Segundo Rüsen (2001a:78),

> a consciência histórica não é algo que os homens podem ter ou não – ela é algo universalmente humano, dada necessariamente junto com a intencionalidade da vida prática dos homens. A consciência histórica enraíza-se, pois, na historicidade intrínseca à própria vida humana prática. Essa historicidade consiste no fato de que os homens, no diálogo com a natureza, com os demais homens e consigo mesmos, acerca do que sejam eles próprios e seu mundo, têm metas que vão além do que é o caso.

O mundo é histórico porque queremos ir além do que temos e somos. Durante a Revolução Industrial ir além significava superar a escassez de bens e capital, dominando a natureza. Na atualidade, pensando em termos do Protocolo de Kyoto, ir além é evitar que o desenvolvimento econômico ilimitado, tornado modo de vida de classes sociais e países inteiros, desequilibre o ambiente e inviabilize a vida humana na Terra. Antes de ser algo ensinado ou pesquisado, a historicidade é a própria condição da existência humana, é algo que nos constitui enquanto espécie. O que varia são as formas de apreensão dessa historicidade, ou, nos termos de Rüsen, as perspectivas de atribuição de sentido à experiência temporal. Na definição desse autor, a consciência histórica é um fenômeno do mundo vital, imediatamente ligada com a prática, e pode ser entendida como

> [...] a suma das operações mentais com as quais os homens interpretam sua experiência da evolução temporal de seu mundo e de si mesmos, de forma tal que possam orientar, intencionalmente, sua vida prática no tempo.
>
> (Rüsen, 2001a:57)

Dessa forma, a operação mental constituinte da consciência histórica é o estabelecimento do sentido da experiência no tempo, ou seja, o conjunto dos pontos de vista que estão na base das decisões sobre os objetivos. Para além disso, a consciência histórica precisará, também, dar respostas aos fenômenos que não são intencionais, que não são subjetivos, mas que são naturais e, portanto, sofridos, sendo a morte o exemplo mais significativo.

A consciência histórica pressupõe o indivíduo existindo em grupo, tomando-se em referência aos demais, de modo que a

Ensino de história e consciência histórica

percepção e a significação do tempo só podem ser coletivas. Heller, para quem a coletividade é que possibilita o surgimento da ideia de passagem do tempo e de finitude do indivíduo diante da continuidade do grupo, traduz esse princípio com as seguintes palavras: "A historicidade de um único homem implica a historicidade de todo o gênero humano. O plural é anterior ao singular [...]" (Heller, 1993:15).

Em comunidade, os homens precisam estabelecer a ligação que os define como um grupo, cultivar esse fator de modo a permitir uma coesão suficiente para que os conflitos não resultem num enfraquecimento do grupo e coloquem a sua sobrevivência em risco. Uma versão, ou um significado construído sobre a existência do grupo no tempo, integrando as dimensões do passado (de onde viemos), do presente (o que somos), e do futuro (para onde vamos) é o elemento principal da ligação que se estabelece entre os indivíduos. A essa ligação temos chamado identidade, e podemos defini-la como o conjunto de ideias (já que a biologia, e mais especificamente a genética, juntamente com a antropologia têm mostrado que não existe fundamento para pensar uma identidade "sanguínea" entre as pessoas que formam um grupo, seja ele uma pequena comunidade ou uma nação) que tornam possível uma delimitação básica para o pensamento humano – nós e eles –, pertencente ou não pertencente ao grupo.

Para Heller, a pergunta identitária não muda, e o que denota o movimento da história da identidade é a variação da resposta a ela. Do mito, metafísico ou transcendente à consciência da historicidade de todos os elementos da vida humana, ao desencantamento na interpretação da história, ou, enfim, à ideia de responsabilidade pelo planeta todo, as diferentes respostas mostram diversas situações (Heller chama de estágios) em que se encontram os fundamentos da identidade de cada grupo. Primitivamente (e desde então repetidamente) o estabelecimento da identidade de um grupo passa pelas imagens, ideias, objetos, valores que os participantes julgam ser os seus atributos específicos (sendo que o primeiro deles é o nome), bem como um (ou mais) mito de origem, que funciona como o legitimador da existência do grupo (e, na maior parte dos casos, de suas relações hierárquicas).

Produzir a identidade coletiva, e dentro dela uma consciência histórica específica e sintonizada com ela é um dado essencial a qualquer grupo humano que pretenda sua continuidade. Decorre disso que, considerando essa necessidade universal, as formas de produzir essa liga sejam diferentes e adaptadas às condições do grupo que tenhamos em tela. Assim, se para a comunidade primitiva a sua perpetuação estava pautada principalmente na narrativa do mito fundador e na memória de seus bravos, transmitida pela tradição oral (mas também numa observação e marcação do tempo por gestos e rituais coletivos), para as sociedades mais complexas essa tarefa passa a ser exercida por instituições socialmente organizadas para esse fim. Ligadas à tarefa de cimentar a identidade – além de seus fins específicos – é que são estabelecidas as escolas primárias, igrejas, bibliotecas, museus, universidades, institutos...

Mais complexos são os pré-requisitos para herdar a consciência: além de ouvir e dizer, torna-se necessário saber ler e escrever, interpretar uma variada iconografia, memorizar uma plêiade de referenciais, aprender e ensinar várias sequências de gestos rituais, e assim por diante, conforme cada cultura em particular. Mas outro efeito dos processos que tornam os grupos de pertencimento mais extensos e mais complexos é a crise de sua homogeneidade: os Estados-nação, por exemplo, geralmente surgem a partir da incorporação (consensual ou pela força) de grupos diferentes. Com isso, o trabalho de contínua formação para uma identidade histórica geralmente se estabelece em torno da educação para generalizar as formas dominantes de consciência histórica (sejam elas resultado de uma síntese harmônica entre os grupos, sejam resultado de um projeto de dominação mais ou menos explícito ou consciente) e de tentativas de sobrevivência de outras articulações de respostas às perguntas identitárias. Desse modo, a articulação dos elementos da consciência histórica torna-se arma no campo de batalha de definição dos rumos da coletividade.

É dentro dessa perspectiva que podemos traçar uma ponte entre esse assunto e as obras *A invenção das tradições* (Hobsbawm e Ranger, 2008) e *As invenções da história* (Bann, 1997), nas quais o pressuposto é o de que a história não decorre imediatamente das ações humanas, mas é mediada por uma produção das narrativas, das lembranças, orientadas por intenções. Nos termos de Rüsen, a preocupação é perceber "como dos feitos se faz a história". Em ambas as obras, a temática gira em torno dessa produção de significados para o tempo, especialmente o passado. Diante do pressuposto colocado, não cabe uma busca de autenticidade, ou de qual passado seria mais "verdadeiro" para ser "resgatado" do erro e da voragem destruidora que é o tempo, pela história.

A obra organizada por Hobsbawm e Ranger lida com a utilização de imagens que se referem a um passado longínquo, identificado à tradição, e seu uso para a integração social e legitimação institucional. Para os autores, tradição inventada é um conjunto de práticas que estabelece uma continuidade em relação a um passado histórico considerado apropriado pelos seus formuladores (Hobsbawm e Ranger, 2008:9). O mecanismo da tradição inventada – recurso de manutenção ou disputa por bens, direitos, vantagens por parte de grupos dominantes, submetidos ou emergentes – está sustentado na transformação de algo que é relativamente novo em algo que teria uma existência imemorial, ou que, no mínimo, se encaixa com uma tal antiguidade. Ela também é dotada de um caráter simbólico e ritual, com gestos e objetos que não têm função prática, mas sim ideológica. Essa ritualização naturaliza e facilita a incorporação de novas práticas, que são uma constante em sociedades que se modernizam, por exemplo, em função da Revolução Industrial ou do êxodo rural e urbanização.

A crítica que Bann faz do livro organizado por Hobsbawm e Ranger precisa ser reconhecida. O autor destaca que a tradição inventada (ou seja, mexida por interesses datados que a constroem como se ela fosse mais antiga do que realmente é) acaba por ser entendida como uma falsa consciência, em que a história poderia discernir o certo e o errado. De fato, o termo "invenção" pressupõe uma criação a partir do nada, e corre-se o risco de imaginar o papel do historiador crítico como o de simplesmente desmascarar a invenção por trás da máscara da tradição, mas esses riscos e implícitos não podem ser elencados – o próprio Bann o afirma – para ofuscar o brilho e o caráter seminal da coletânea. Entretanto, sua orientação vai no sentido da busca do uso que os indivíduos fazem de discursos ou representações sobre a história, não necessariamente em busca da verdade do que ocorreu, mas na busca de como as pessoas lograram o preenchimento de suas necessidades contemporâneas e de projetos de futuro. Evidentemente, isso coloca o conhecimento histórico numa sociedade em outra condição que meramente o saber sobre o passado: mais que isso, é um elemento ativo e bastante dinâmico na definição de papéis e posições sociais, ordens, discursos, justificativas e assim por diante. Acompanhando Johan Huizinga, autor de *Homo ludens* – uma das mais importantes obras na filosofia da história em nosso século –, Bann afirma que história é o modo pelo qual a cultura lida com o seu próprio passado. Assim, em vez de separar a narrativa histórica distorcida para retificá-la e substituí-la pela narrativa correta, o papel do historiador deve ser o de compreender que a própria retidão de uma narrativa, chancelada pelo Estado ou pela ciência, é também uma invenção retórica, e invenção de histórias é a parte mais importante da autocompreensão e autocriação humanas.

Tanto a contribuição de Hobsbawm na "Introdução" de *A invenção das tradições* quanto os posicionamentos críticos de Bann trazem vários elementos para pensarmos o conceito de consciência histórica. Talvez o mais expressivo em Hobsbawm seja dimensionar a importância das relações de poder (principalmente político e social, com bases econômicas) no processo de criação de referenciais históricos de identificação de grupos nacionais ou regionais.

Um exemplo extremamente eloquente pela acumulação de referenciais históricos é reproduzido a seguir: o depoimento de Charlotte, uma eleitora de Jean-Marie Le Pen por ocasião do segundo turno das eleições presidenciais francesas de 2002.

> **Folha:** Por que a senhora apoia Le Pen?
> **Charlotte:** Porque eu sou francesa. Além disso, sou de origem celta. Após milhares de anos, nós somos celtas e franceses. Os celtas eram um grande povo que vivia aqui antes da invasão romana. Queremos permanecer celtas.

Folha: Como a senhora descreveria Le Pen?

Charlotte: Ele é o único que realmente defende o povo francês hoje. Também fala excelente francês, tem uma ótima oratória. [...] Le Pen é Vercingentorix [...] Ele é o único capaz de dar uma contribuição. Do contrário, será o caos na França. É absurdo o que acontece hoje. Ninguém controla mais nada, estamos entre bárbaros.

(Folha de S.Paulo, 5 maio 2002, p. A 23)

Charlotte escolhe uma seleção – do seu próprio passado e do passado francês – dotada de um significado específico, e a coloca em sua fala para sustentar uma escolha política que pretende responder a problemas do presente, tais como identificados pela entrevistada. Não se trata de uma operação falsa ou verdadeira, autêntica ou abusiva, mas principalmente de uma ligação passado-presente-futuro que é construída, mas que não se assume como tal.

A entrevistada não representa um caso isolado. Segundo Citron (1987), na França a história nacional está sempre na ordem do dia, e isso não se deve apenas ao fato de que, naquele momento, estavam muito próximos da comemoração do bicentenário da Revolução Francesa. Os eventos públicos que envolvem o tema da nação e da identidade francesa foram bastante comuns desde fins do século XVIII e início do século XIX, sempre refletindo, mais que o passado, as demandas e disputas de cada um dos momentos presentes. Suzanne Citron sustenta que o estatuto da história na França oscila entre a lenda, as mitologias nacionais consagradas pela escola e as novas perspectivas de pesquisa historiográfica, que se chocam com a primeira perspectiva e não se inscrevem nela. O silêncio dos historiadores sobre essa discrepância até então deixava entender que a história possível na escola seria apenas aquela mesma, inconsciente de sua própria história, ampliando o abismo entre a reflexão historiográfica e o ensino de história. Citron fala em consciência histórica e consciência historiográfica para afirmar a ausência patente, na França, da noção de que a história tem uma história, e que os avanços da historiografia no campo da autoconsciência das narrativas não chegam para a consciência histórica da maior parte dos franceses, formados num ensino de história fundado no século XIX, resultado do casamento entre cientificismo e nacionalismo. Sua obra procura desmitificar as ideias de uma França una e indivisível, doadora dos direitos do homem ao mundo, preexistente ao seu espaço geopolítico, o imaginário arcaico que quase chega às nostalgias de uma religião da França, que leva também à ideia de uma raça francesa homogênea descendente dos ancestrais gauleses, que acabará sendo incorporada como forma de legitimação, por exemplo, das propostas políticas de restrição da imigração e dos direitos dos imigrantes. Portanto, as questões políticas atuais não podem ser plenamente respondidas sem essa relação crítica com o passado.

De volta ao tema da invenção das tradições, podemos considerar a contribuição de Hobsbawm além do aspecto da influência das relações de poder na contínua reelaboração da consciência histórica, para pensarmos a noção de tradição dentro dela. Para Rüsen a tradição seria uma espécie de pré-história da consciência histórica, ou seja, um fato elementar e genérico da consciência, anterior à distinção entre experiência e interpretação. Isso corresponderia aos primeiros estágios da consciência histórica, segundo Agnes Heller. Para ela, a perspectiva de desenvolvimento da consciência histórica ao longo do tempo pode ser descrita, entre outras formas, como um processo de ampliação do tempo que se pode conceber, e cuja representação interfere nas formas da organização social: nos primeiros grupos humanos, a amplitude do tempo é tão compacta que se vive imediatamente o tempo que decorre da origem, da cosmogonia. Voltaremos a esse ponto mais adiante.

Ao agir, o ser humano já se pauta por um passado que se oferece a ser lembrado e considerado sem mediação da narrativa, antes do trabalho interpretativo da consciência histórica; um conjunto de elementos em que "o passado não é consciente como passado, mas vale como presente puro e simples, na atemporalidade do óbvio" (Rüsen, 2001a:77). As instituições seriam exemplos de tradição nesse sentido de elementos que se impõem para o presente por serem a sedimentação de muitas ações passadas, e que aparecem como dados, mesmo que a intenção do agir seja superá-los.

A relação interessante a traçar com o texto de Hobsbawm é a ideia de que mesmo esse elemento "pré-histórico" não está a salvo da interpretação e da invenção intencionadas: a diferença é que muitos desses elementos oferecem-se como tradição, como elementos anteriores à narrativa, como portadores da força da obviedade. É nesta chave de compreensão que se apresentam os objetos de referência à identidade escocesa ou os rituais da monarquia inglesa, analisados por outros autores na coletânea de Hobsbawm e Ranger. Diante dessa consideração é possível pensar que fica invalidada a construção de Rüsen. E mesmo a tradição, que se oferece como antecedendo e transcendendo a interpretação pela consciência histórica, é apenas falsamente um dado e é, na verdade, outro componente do processo de significação do tempo por parte do grupo. Ou então se pode pensar que de fato existe um elemento tradicional e "pré-histórico" na consciência histórica, o que dá força redobrada às invenções interpretativas do passado que conseguem passar-se por tradição. Se considerarmos essa possibilidade, decorrerá daí um campo de estudos caracterizado pela diferenciação entre o que autenticamente é tradição e o que se apresenta falsamente como se o fosse, campo esse que é rejeitado por Stephen Bann. Não é nossa intenção resolver esse impasse, mas tão somente marcar a sua relevância e proficuidade, sem deixar de lembrar a necessidade de superar a ideia de mera indicação de falsidade ou verdade nos estudos que abordam os processos de consolidação de conjuntos de imagens e ideias legitimadoras. Trata-se, na verdade, daquilo que era chamado, antes da década de 1990 (com relativa tranquilidade), de análise das ideologias, que tem estudos bastante interessantes. Tais estudos superam a perspectiva dicotômica entre consciência e falsa consciência ao imaginar a ideologia como processo de organização e hierarquização de ideias dentro do amplo universo no qual elas estão disponíveis, para definir as que são úteis e as que não são plausíveis, sem imaginar que o estudioso fala a partir de um lugar imune a esse processo. E também não se anula, diante dessas considerações (e da areia movediça de um relativismo histórico e cultural), a tarefa crítica da história.

Pensar a consciência histórica como um universal antropológico, quer dizer, um dado que pode ser atribuído a todas as pessoas em todas as sociedades (como a formação de associações familiares ou as práticas de relação com a transcendência, por exemplo), não implica assumir que todos os seres humanos sejam dotados de uma consciência histórica idêntica. Aprofundaremos melhor esse ponto no próximo capítulo, em que verificaremos as distinções da consciência histórica segundo Rüsen e Heller, mas para já podemos adiantar um argumento. O fato de que todos os grupos têm, por exemplo, relatos de sua origem não conduz a que todos esses relatos sejam essencialmente iguais ou sejam usados da mesma maneira em todas as sociedades. Pelo contrário, os relatos de origem podem ser narrativas míticas (Adão e Eva no Éden, por exemplo), constructos de memória histórica (a origem do Brasil devido ao seu descobrimento pela frota do rei d. Manuel capitaneada por Cabral) ou teorias científicas (o *Big Bang*). É possível mesmo a inexistência de uma narrativa das origens como as anteriores, em sociedades que não tomam o tempo de forma linear e sim cíclica. Nesse caso, em vez de uma origem, aparece uma lógica que define o funcionamento dos ciclos. Mas o que ocorre é que todas essas narrativas ou representações dão uma dimensão do tempo e de seus efeitos sobre a vida, e cada uma delas terá um uso distinto em sua sociedade e na estruturação dos diversos papéis sociais e condutas pessoais. Quando se afirma que apenas a consciência histórica moderna pode ser realmente definida como consciência histórica porque suas características internas a diferenciam de toda forma anterior de representação do tempo e orientação temporal, ficamos com a impressão de que já vimos isso antes, nos conceitos de civilização e de cultura do século XIX, quando esses eram atributos somente do povo europeu.

O que parece mais importante nas sociedades modernas não é o pretenso fato de que elas sejam caracterizadas pela predominância da consciência histórica moderna, mas sim o fato de serem profundamente heterogêneas e marcadas pela convivência de muitos modos de produção de sentido histórico concomitantemente: do modo "racional" e "científico", que autoriza a pesquisa com células-tronco, ao modo tradicional, que aprova a "guerra contra o terror" (na verdade contra povos inteiros) por questões mais emocionais e preconceituosas que racionais. E não se trata apenas de uma mesma sociedade ocidental, mas, muitas vezes, dos mesmos indivíduos nos quais essas perspectivas convivem.

Capturando a consciência histórica

O espaço que a consciência histórica ocupa nas relações humanas pode ser percebido por diversos elementos, mas o principal (e provavelmente aquele do qual os demais derivam) é a identidade coletiva, ou seja, tudo aquilo que possibilita que digamos *nós* (e eles). Dessa consciência fazem parte as imagens, ideias, objetos, valores que os participantes julgam ser os seus atributos específicos (sendo que o primeiro deles é o nome), bem como um (ou mais) mito de origem, que funciona como o legitimador da existência do grupo (Heller, 1993:16) e, na maior parte dos casos, de suas relações hierárquicas. Em suma, a consciência histórica constitui a parte preponderante da resposta à pergunta: quem somos nós?

Nas relações humanas, a consciência histórica ocupa um lugar específico, e este pode ser percebido indiretamente pelos resultados da identidade coletiva, pois dela deriva uma série de outros acontecimentos no campo do pensamento. Em outras palavras, tudo o que permite que digamos *nós* e *eles* compõe a identidade coletiva ou social, e essa identidade é composta da consciência de diversos elementos: familiaridades e estranhamentos, ideias, objetos e valores que um grupo acredita fazerem parte de seus atributos exclusivos e excludentes. O primeiro de todos esses elementos é o nome da coletividade. Por isso, um dos primeiros atos na conquista de um povo é dar-lhe um nome que não seja aquele pelo qual os indivíduos se conhecem, como, por exemplo, "negros" ou "índios". Da mesma forma, a construção da autodeterminação passa obrigatoriamente pelo estabelecimento ou restabelecimento de um nome próprio, definido de modo autônomo. Um mito de origem (no sentido de um evento naturalizado como real e não questionado socialmente que define a identidade e legitima a forma de vida do grupo no presente), seja ele "primitivo" ou "moderno", é outro componente da identidade social, que depende de uma operação histórica da consciência.

De qualquer modo, o desafio que se coloca é: se a consciência histórica existe, é preciso que ela seja captável por instrumentos de pesquisa, e essa captação deve ser possível em diversos lugares, com identidades sociais e fundamentos culturais diferentes.

Um dos exemplos mais interessantes de pesquisa sobre consciência histórica – embora esse não fosse seu objetivo único ou principal – foi o projeto Youth and History, uma extensa pesquisa no formato de *survey*, organizada inicialmente por pesquisadores que atuam na interface de preocupações entre a história e a educação da Alemanha e Noruega. Tal pesquisa teve por base o conceito de consciência histórica (definida sumariamente como "o grau de consciência da relação entre o passado, o presente e o futuro") e procurou identificar e avaliar sua aplicação nas opiniões emitidas por jovens de 15 anos e seus professores em 25 países europeus, mais Israel e Palestina, num total de 32 mil entrevistados. Constituiu-se da elaboração, aplicação e tabulação de um questionário para alunos e outro para professores, definido após várias reuniões entre as dezenas de pesquisadores de toda a Europa, liderados por Magne Angvik e Bodo von Borries.

O questionário organizou vários temas que se desdobraram em perguntas apresentadas como afirmações às quais os

Ensino de história e consciência histórica   43

alunos responderam assinalando um dos itens de uma escala de valoração que ia de "concordo totalmente" a "discordo totalmente", passando por "concordo", "indeciso" e "discordo", o que, em estatística, é denominado "escala de atitudes" ou "escala de Likert". Os alunos, além de fornecer informações para contextualizar cada indivíduo, responderam sobre a concepção que têm da história e de sua importância, credibilidade em fontes de conhecimento histórico, descrição e aproveitamento das aulas de história assistidas, concepções de futuro, conhecimentos cronológicos, interesse por períodos da história e assuntos ou temas históricos, conhecimento e avaliação de fatores de mudanças históricas atuais e futuras, avaliação e imagens atribuídas aos períodos e personagens da história. Responderam também sobre causas das mudanças no Leste europeu, expectativas de futuro pessoal e de futuro da Europa (um dos motivos principais da pesquisa foi a produção de conhecimento útil para sobre o processo de unificação da Europa) e motivos da divisão das sociedades em classes. Havia, ainda, perguntas acerca de reações pessoais ao simular situações do passado (como casamentos forçados, por exemplo), fatores de composição da nacionalidade e da soberania sobre um território, preservação de patrimônio histórico, conceitos de nação, posicionamentos políticos controversos quanto a questões prementes nos países ou na Europa em geral.

Os professores responderam a questões de contextualização do indivíduo nos países, questões relativas à formação acadêmica, experiência docente em anos, particularidades curriculares no ensino da história, avaliação da capacidade intelectual dos alunos, significado de religião e de política para a vida cotidiana do professor, seu posicionamento político, períodos da história enfatizados, conceitos mais importantes ensinados, métodos de ensino – aprendizagem, objetivos do ensino da história, interesse dos alunos, principais problemas do ensino de história no país segundo a visão do professor, fatores de mudança histórica que considera mais relevantes e projeção de futuro quanto a fatores de mudança histórica.

Os resultados da pesquisa foram dispostos em dois volumes de planilhas de dados. O trabalho de análise desses resultados confirmou algumas hipóteses e características, até certo ponto previsíveis, do ensino de história. Por outro lado, trouxe dados significativos para a reflexão sobre educação, ensino de história e consciência histórica. O primeiro dado é que a influência do professor de história sobre as opiniões históricas do aluno é, no mínimo, limitada, como também é limitada a influência dos currículos oficiais de história sobre o trabalho do professor e seu resultado. A pesquisa permite concluir que os elementos narrativos constantes dos currículos oficiais ou da formação que os professores recebem não se reproduzem necessariamente na aprendizagem dos alunos. Assim, é comum encontrarmos opiniões divergentes sobre a história no âmbito oficial, incluindo aí a escola e os alunos que se relacionam com essas esferas, o que nos conduz à conclusão de que a formação histórica dos alunos depende apenas em parte da escola, e precisamos considerar com interesse cada vez maior o papel dos meios de comunicação de massa, da família e do meio imediato em que o aluno vive se quisermos alcançar a relação entre a história ensinada e a consciência histórica dos alunos.

Outro aspecto considerável refere-se à "modernização" dos processos de ensino e aprendizagem em história, que são muito mais restritos do que poderíamos supor diante do investimento em formação de professores a partir de novas concepções, conteúdos e técnicas, o mesmo valendo para o esforço de especialistas em educação instalados na burocracia estatal e seus projetos de mudança de rumo do ensino em geral, e em particular do ensino da história. Uma hipótese considerável em relação a esse tópico é a de que a função social do ensino da história transcende os projetos contemporâneos e liga-se a uma necessidade de perpetuação do grupo (Estado nacional) sobre a qual a capacidade de influência do debate contemporâneo é restrita.

Desde 2006, uma equipe de pesquisadores brasileiros, argentinos e uruguaios, da qual faço parte, vem procurando adaptar o questionário europeu às realidades sul-americanas e aplicar esse questionário em algumas amostras, como um projeto piloto. Essa investigação foi inicialmente intitulada "Jovens brasileiros e argentinos diante da história"; posteriormente incluiu o Uruguai e passou-se a chamar o projeto mais simplesmente de "Jovens e a história". No instrumento adaptado concentramos as categorias de questões que se referem a componentes da consciência histórica, sem esquecer que o questionário destinado aos alunos envolve também uma série de perguntas para identificação social e cultural do respondente, bem como várias outras sobre a realidade do ensino e da aprendizagem de história na escola.

Embora não focado no conceito de consciência histórica, Carretero (2007) confirma algumas das hipóteses e constatações que esses estudos puderam esboçar. Um dos itens principais é a distância entre a história ensinada na escola, a história oficial, e a história vivida e relembrada pela comunidade e transmitida entre gerações dentro das famílias. Essa distância chega às raias da esquizofrenia quando falamos de grupos sociais ou países inteiros dominados por outros, como é o caso da Estônia. De um modo geral, Carretero aponta que a história marxista pró-soviética ensinada nas escolas de países do Leste europeu entre o pós-guerra e a queda do muro de Berlim acaba por desvanecer-se rapidamente após o fim do domínio soviético, o que demonstraria que ela pouco se aferrou à consciência e à identidade das pessoas. Por outro lado, o estudo de Carretero está longe de apontar que a história ensinada – oficial ou "doméstica" – seja irrelevante. Analisando os casos dos Estados Unidos e do México, por exemplo, mostra como esse assunto tem sido decisivo no contexto de realinhamento das identidades nos processos de transformação ligados à globalização intensificada dos anos 1990.

Outra frente significativa no estudo da consciência histórica tem sido a dos estudos qualitativos baseados em um grupo menor de sujeitos participantes, que são capazes de aprofundar noções importantes de como o fenômeno opera em detalhes.

Um exemplo das reflexões em torno do conceito de consciência histórica é a percepção das suas ligações com o tema da linguagem, tanto nos processos de sua constituição quanto na possibilidade de estudá-la. Esses dados aparecem, por exemplo, quando o leitor se detém nas reflexões de Lev Vigotsky sobre a relação entre linguagem e consciência. A investigação de Lima (2007:35-36) se deu através do estímulo a alunos do ensino fundamental (5ª e 8ª séries) para lidar com a interpretação do presente (no caso, um ato de discriminação racial, amplamente noticiado à época, entre jogadores de equipes diferentes em uma partida de futebol), em textos que eles próprios escreveram, e da discussão da profundidade temporal desse evento no presente, conduzindo à reescrita dos textos iniciais. A situação proposta para o trabalho dos alunos foi rica pela capacidade de mobilizar tanto elementos históricos (a escravidão e o racismo) quanto elementos mais imediatos de identidade nacional (porque o acusado de discriminação participava, no momento, de um time de futebol argentino jogando contra um time brasileiro) e ainda um aspecto de julgamento moral, um dos resultados típicos do funcionamento da consciência histórica. Após uma primeira escrita, a dinâmica da pesquisa proporcionou a ampliação da reflexão linguística e histórica, dialogando com os alunos autores, aportando novos elementos (como textos e informações atinentes ao tema) e possibilitando a reescrita do texto. Nessa reescrita foi possível perceber as formas pelas quais os alunos reestruturam seus textos iniciais, tanto no que se refere a estratégias de comunicação quanto de decodificação e negociação de informações e ideias novas. O estudo dos textos produzidos por alunos foi feito com base em um quadro de categorias organizadas nos três eixos temporais (passado, presente e futuro) e nos modos de dizer e de produzir sentido usados pelos sujeitos. Foi a análise dessas estratégias que mais de perto permitiu a análise dos elementos e dos deslocamentos da consciência histórica dos alunos. Ao exercitar sua competência narrativa, cada aluno revelava suas formas de conceber e se relacionar com o tempo.

Didática da história: uma disciplina de investigação do uso social da história

Rüsen argumenta que o desafio metodológico da pesquisa da consciência histórica começa a ser enfrentado com a elaboração de modelos teóricos. Afinal, a boa pesquisa começa pela boa pergunta, que traz implícita uma teoria sobre a qual importa ter consciência. O objeto de uma pesquisa sobre a consciência histórica pressupõe refletir sobre o que é e como se atinge o objeto, já que estamos falando de fatores mentais, difíceis de investigar porque não são reconhecíveis obviamente como fatos. Trata-se, portanto, de demarcar um território empírico. Só a definição teórica do objeto não nos permite investigá-lo. Não se trata de modelos que criamos para encaixar os dados empíricos a contragosto destes, mas de autoconsciência, como já afirmamos, da teoria que articula a pergunta da pesquisa.

Falar em consciência histórica implica uma definição propositadamente muito ampla de história, como tempo significado (ou, dizendo um modo um pouco diferente, experiência do tempo que passou por um processo de significação). Tempo não quer dizer passado. Consciência histórica não é memória, mas a envolve: o tempo significado é a experiência pensada em função do tempo como expectativa e perspectiva, compondo um sistema dinâmico. A consciência histórica não é definida aqui como conquista particular, mas como aquisição cultural elementar e geral, na qual os sujeitos fazem suas sínteses entre objetivo e subjetivo, empírico e normativo.

Para encontrar o objeto, enfocamos suas manifestações. A consciência histórica está baseada em padrões comunicativos, de acordo com a natureza do tempo experienciado. Registre-se a dificuldade de listar evidências típicas e não ambíguas de manifestações da consciência histórica. Exercendo a função de memória, de percepção das diferenciações temporais, a consciência histórica produz uma estrutura unificada de pensamento num modo de consciência que é adequado ao relacionamento dos sujeitos com a história. O termo técnico para essa estrutura, segundo Rüsen, é "narrativa". Não toda e qualquer narrativa, mas especificamente a que orienta ou quer orientar elementos e momentos da vida prática. Narrativa e orientação são os termos contíguos quando entramos na busca de evidências empíricas da consciência histórica.

Embora se trate de apenas uma das formas de representação histórica, a narrativa oferece uma saída, em termos de recorte empírico, para a pesquisa da consciência histórica, porque é um dos produtos que resultam de sua produção de sentido. As narrativas não são apenas verbalizadas, mas também condensadas em imagens (o príncipe d. Pedro a cavalo levantando uma espada), palavras (Bastilha, Auschwitz) e símbolos (cruz, foice e martelo, suástica), que são abreviações narrativas. As formas pelas quais as narrativas são usadas (e não apenas feitas) vão demonstrar a incorporação de determinados padrões normativos da consciência histórica. E não se trata de uma narrativa qualquer, mas de narrativas que se refiram a processos reais (e não fictícios), que tenham por objetivo e terminalidade o estabelecimento de uma "moral da história", uma conclusão necessária (mesmo que subjacente) que oriente/justifique a ação dos sujeitos, tanto na história narrada quanto na história vivida no presente. Para esses fenômenos construiu-se o conceito de cultura histórica, que delineia "um conjunto de fenômenos histórico-culturais representativos do modo como uma sociedade ou determinados grupos lidam com a temporalidade (passado-presente-futuro) ou promovem usos do passado" (Abreu, Soihet e Gontijo, 2007:15). Para Flores (2007), a expressão cultura histórica traduz a perspectiva de articulação entre os processos históricos em si e os processos de produção, transmissão e recepção do conhecimento histórico.

A discussão teórica sobre a consciência histórica e as breves pinceladas sobre alguns resultados de projetos como o Youth and History coloca elementos importantes para pensarmos a agenda educativa e de pesquisa sobre o ensino da história, pois, ao buscar recolher empiricamente dados da consciência histórica, trouxeram uma série de dados que tanto confirmaram a viabilidade do conceito para explicar os acontecimentos, quanto impuseram novos problemas para as reflexões didáticas da história. Em primeiro lugar, a ideia de consciência histórica reforça a tese de que a história na escola é um tipo de conhecimento histórico qualitativamente diferente daquele conhecimento produzido pelos especialistas acadêmicos, e, mais que isso, são ambos apenas parcelas do grande movimento social que é pensar historicamente, e não a forma de fazê-lo.

Consequentemente ganha força a recusa de um modelo em que o conhecimento histórico produzido academicamente tem na escola e nos meios de divulgação científica uma correia de transmissão e simplificação de seus enunciados. Após dois séculos de "combates pela história", o conhecimento histórico acadêmico logrou tornar-se a principal referência para o pensar historicamente da sociedade, mas o momento exige que se reconheça que não é o único, sob pena de limitar a percepção dos fenômenos que envolvem o surgimento, a circulação e o uso dos significados atribuídos ao grupo no tempo. Isso coloca questões referentes ao método, seleção de conteúdos e os fundamentos da história ensinada na escola. Para Rüsen, entre o ensinar e o aprender história na universidade e na escola há uma diferença qualitativa, que logo se evidencia quando se promove a reflexão sobre os fundamentos do ensino escolar de maneira análoga à que se faz com a

Ensino de história e consciência histórica

teoria da história como disciplina especializada. Finalidades, fontes de informação, procedimentos de trabalho e resultados distintos são motivos suficientes para considerar a distinção entre esses saberes históricos, como já vem sendo feito há mais de uma década por estudiosos do ensino da história ao redor do mundo, principalmente porque o conceito de consciência histórica ajuda a perceber a presença de muitos outros saberes históricos além destes dois.

Novamente citando Rüsen, pode-se dizer que, entre outros motivos, por causa da diferença qualitativa entre a história ciência e a história escolar, é necessária "[...] uma disciplina científica específica que se ocupe do ensino e da aprendizagem da história [...]: a didática da história" (Rüsen, 2001a:51). O conjunto dessas considerações cristaliza-se na ideia de distinção em essência entre a história da escola e a história acadêmica. Essa ideia desenvolve-se em diversos países e a partir de diferentes lugares no campo das ciências da história e da educação e, ao desenvolver-se, viabiliza – ao mesmo tempo que é viabilizada por – uma mudança de paradigma na didática da história, que até então vinha sendo entendida como o conjunto dos estudos que permitiriam aprimorar as formas de ensinar história, para garantir maior aprendizagem por parte dos alunos. Tacitamente, compreendia-se a aprendizagem como um elemento dependente do ensino formal da disciplina. Ao compreender que, nesse sentido, a aprendizagem não é um processo dominado pelo ensino escolar, mas ocorre em relação dialética com ele, ensino e aprendizagem passam a ser entendidos como processos significativamente autônomos, e que não são compreendidos somente um em função do outro.

Diante disso, a didática da história também se distingue de uma disciplina científica do ensino (cujo resultado é um conjunto de métodos e técnicas que permitem transmitir um dado conhecimento de quem o tem para quem é privado dele), e passa cada vez mais a caracterizar-se como uma disciplina que estuda a aprendizagem histórica. Como essa aprendizagem ultrapassa em muito a sala de aula de história e mesmo a escola, a didática da história acaba assumindo a produção, circulação e utilização social de conhecimentos históricos como seu objeto de estudo, e ao ser realizado por historiadores esse estudo não se encaixa em nenhum dos campos da historiografia (porque não é, por exemplo, história da educação, embora dialogue com ela), mas sim no campo da teoria da história. Nesse espaço epistemológico tem condições de permitir que todos os estudos históricos, e não apenas aqueles pensados para e a partir da escola, sejam submetidos a uma reflexão didática, ou seja, a uma reflexão sobre o que é ensinado (estudando currículos, programas e manuais, mas também séries de televisão, filmes, revistas de histórias em quadrinhos etc.), sobre as lógicas internas, condições, interesses e necessidades sociais quanto ao ensino e à aprendizagem de conhecimentos históricos que ocorre na atualidade e, por fim, sobre o que deveria ser ensinado (em função das necessidades e características mínimas de cada sociedade, e suas formas autônomas de geração de sentido histórico).

A discussão sobre consciência histórica coloca-nos ainda diante da necessidade de dar continuação à proposição de Klaus Bergmann e de Jörn Rüsen, entre outros autores, de uma didática da história, que seria uma disciplina interna à ciência da história, tendo uma série de metas que podem ser sintetizadas na indagação "sobre o caráter efetivo, possível e necessário de processos de ensino e aprendizagem e de processos formativos da história. Nesse sentido [a didática da história] se preocupa com a formação, o conteúdo e os efeitos da consciência histórica (Bergmann, 1990:29).

Consciente do caráter coletivo e identitário do uso do conhecimento histórico, Bergmann propõe que a esse campo da pesquisa histórica seja atribuída a investigação do significado da história no contexto social, tendo no horizonte que esse conhecimento vai servir como base de identidade social e que precisa de estudos que produzam saberes e instrumentos de intervenção no sentido de influenciá-la para valores que sejam consensuais. Embora esta ideia nos seja estranha num país em que o acesso ao conhecimento histórico tem significado um esforço de libertação em relação a projetos políticos e pedagógicos de controle da população por uma elite, faz todo o sentido numa Alemanha com cicatrizes (e algumas feridas abertas) da passagem do nazismo por sua identidade social; fica mais clara a ideia de alguns valores que sejam consensuais, pelo menos entre os que veem na democracia um valor universal.

Para Bergmann, ainda, a didática da história tem um papel diante da ciência histórica como um todo. Tal papel é estudar um dos componentes de seu avanço – a dinâmica social (o outro é a dinâmica epistemológica) –, de modo a investigar o que motiva socialmente a produção e os rumos do conhecimento histórico, colocando em questão os descolamentos passíveis de ocorrer entre as necessidades sociais (carências de orientação no tempo, para Rüsen) e os interesses de pesquisa dos historiadores, permitindo evitar-se o caminho que leva a um conhecimento definido como uma "especialização esotérica" que só pode circular entre os iniciados nela.

Cabe-nos aqui fazer as devidas ressalvas de que não se podem censurar os interesses de pesquisa, sob pena de perder os aspectos que potencializam os avanços do conhecimento, mas também não se pode imaginar que uma atividade sustentada pela sociedade não atenda às necessidades de conhecimento dela.

Na proposição de Bergmann, a metodologia do ensino da história torna-se apenas uma das preocupações da didática da história. A pesquisa "Youth and History" é um exemplo dessa ampliação do campo de atuação, cujos resultados reforçam, inclusive, a necessidade de pensar e pesquisar os conhecimentos históricos em todo o tecido social, e as inter-relações que promovem entre si e com o conhecimento erudito ou o escolar. Para a própria metodologia do ensino é saudável essa perspectiva, de modo a compreender a educação histórica como um processo que não pode ser encarado como dentro da redoma da sala de aula. Os problemas e as potencialidades do ensino-aprendizagem de história não estão restritos à relação professor-aluno na classe, mas envolvem o meio em que o aluno e o professor vivem, os conhecimentos e opiniões que circulam em suas famílias, na igreja ou outras instituições que frequentam e nos meios de comunicação de massa aos quais têm acesso. Essa abordagem é mais profícua para encarar o dilema que o "Youth and History" evidenciou – de que a história que o aluno usa é diferente daquela que o professor ensina, que, por sua vez, é diferente do que funcionários do Ministério da Educação e acadêmicos formadores de professores apregoam. O estabelecimento de uma tensão entre dois polos – um ensino de história ideal e um ensino de história real ou possível – tem sido o gerador de angústias que se desdobram na rebeldia ou na apatia entre os professores da disciplina, e não é capaz de equacionar a dinâmica da mudança na educação histórica, de modo que o professor possa colocar-se diante dela com serenidade, firmeza e clareza, e não com a sensação de insegurança perante uma realidade que lhe tira o chão, ou com o desalento de um João Batista que clama no deserto.

Capítulo 2

Conscientização histórica?

Historiadores e professores de história sustentam sua profissão e sua função social na ideia de que qualquer tema ou assunto pode ser mais bem compreendido através do recurso à sua história, conhecendo-se seus antecedentes, seu contexto de surgimento, interesses e sujeitos envolvidos, discursos para validá-los em diversas conjunturas históricas, e assim por diante. Essa ideia, que funda nosso campo disciplinar, é a de *historicidade* do mundo em todas as suas facetas, sejam elas concretas ou imaginárias. A primeira noção de história nas sociedades ocidentais – leia-se europeias ou conquistadas por europeus – estava dada na Bíblia e na perspectiva de uma história sagrada. Posteriormente a relativização do cristianismo como única lente para ver o mundo permite o surgimento de estudos que não são dirigidos pelo viés religioso, e começa-se a conceber uma história profana, que estende um pouco mais o tempo, alargando o tempo bíblico. Por fim liberta das margens do padrão bíblico, a história dos seres vivos ou história natural constrói seu espaço e alarga ainda mais a consciência do tempo. Sob as camadas sedimentares reconhecemos eras geológicas inteiras, ocupando milhares e milhões de anos. Por fim, na segunda metade do século XIX e início do século XX, os estudos astronômicos ampliam nossa consciência do tempo para a escala dos bilhões de anos, conduzindo à real dimensão da insignificância da humanidade, tanto no tempo quanto no espaço.

A ideia de mundo histórico é ainda mais importante se pensamos no contexto em que nos inserimos: sociedades ocidentais ou ocidentalizadas, marcadas pelo cristianismo (que é principalmente uma religião da memória e da lembrança), e pela herança clássica (Grécia e Roma), da qual herdamos a importância que é dada ao registro e à narração dos eventos que, a cada época, são considerados os mais importantes. Em nossa (moderna) sociedade, as coisas são justificadas em grande parte pela sua antiguidade, pela sua tradição, e não é difícil encontrar uma resistência natural ao novo. Ou o extremo oposto – típico das crises de projetos coletivos –, em que as coisas só são boas quando são novas (ou seja, tendemos a não analisar a coisa em si, mas sua antiguidade ou novidade, sua familiaridade ou estranheza). Não foi à toa que, diante das instabilidades e incertezas da década de 1930, Vargas e seus apoiadores ofereceram o Estado Novo, e que nos anos 1980, quando da tumultuada transição para a democracia, o governo do presidente José Sarney se autointitulou "nova República" e ainda que a presidência seguinte, de Collor de Mello, atribuiu a si mesma o nome de "Brasil novo". Diante de tudo isso, conhecer a história e ser capaz de entender/praticar o seu método de análise crítica dos enunciados e de construção do conhecimento é uma necessidade, se almejarmos formar um pensamento autônomo, crítico e criativo.

Faz toda a diferença conhecer, mesmo que superficial-
mente, a história das coisas que nos cercam e com as quais
interagimos (objetos, ideias, situações, instituições, leis) ao
tomar nossos posicionamentos diante dos múltiplos aspectos
da realidade. Entender as coisas como construção, com uma
duração própria, é necessário para quem quer agir sobre elas.
Afinal, as coisas como dados prontos e acabados fora do tempo, como fatos naturais, aos quais só resta submeter-se são a
descrição da postura conformista.

Pensar historicamente

Existem vários sentidos para a ideia de pensamento histórico. Para nós, nesse momento, vamos definir que pensar historicamente é nunca aceitar as informações, ideias, dados etc.
sem levar em consideração o contexto em que foram produzidos: seu tempo, suas peculiaridades culturais, suas vinculações com posicionamentos políticos e classes sociais, as possibilidades e limitações do conhecimento que se tinha quando
se produziu o que é posto para análise. É nunca deixar de
lado que todo produto de uma ação tem um ou mais sujeitos
em sua origem, e é decisivo saber quem são esses sujeitos,
pois isso condiciona o sentido da mensagem. Por exemplo, es-
tatísticas sobre reprovação de alunos, discursos de políticos e
de mulheres e homens públicos, afirmações do senso comum,
publicidade, documentos oficiais, todos se ligam a um contexto, que inclui sujeitos, interesses e visões de mundo das
quais se pode estar consciente ou não. É claro que essa perspectiva, embora não seja exatamente nova, está vinculada à
possibilidade social de discordar ou desconfiar de uma visão
de mundo unificada e, portanto, está mais ambientada em so-

ciedades complexas nas quais a estabilidade do poder não se sustenta em um único fator, ou em poucos fatores (como o mito ou o Estado) centralizados de modo oligárquico.

O ato de pensar historicamente é um exercício que deve resgatar o tempo próprio das coisas sobre as quais se pensa, em vez de ficar preso no tempo fluido, quase um tempo fora do tempo, místico, com que muitas delas se apresentam, como, por exemplo, a ideia de que a globalização, do modo como a temos sofrido, é um fenômeno inevitável que controla a todos e não é controlado por ninguém; como a ideia de que o drama da seca no Nordeste brasileiro é o resultado do clima, enquanto o Israel semidesértico é uma região próspera.

Finalmente, pensar historicamente leva à compreensão do que de fato significa a história: a sucessão do inesperado, do novo, do inusitado e da criação constante, e não apenas a determinação, a permanência, a continuidade. Evidentemente, essa característica torna ingratas algumas das demandas sobre o historiador, como no caso de lhe ser perguntado, nos meios de comunicação de massa, sobre os prognósticos para um determinado tema da realidade que envolva mais claramente algumas questões que se arrastam desde o passado (um bom exemplo é a questão palestina). Embora possa falar em tendências, o historiador é obrigado a trabalhar com uma relevante margem de incerteza. Nesse sentido, é extremamente anti-histórica a ideologia do fim da história, pois julga que chegamos a um momento em que as coisas vão mudar quase nada, pois não há alternativas à situação atual do mundo neoliberal. Isso é querer petrificar a temporalidade (Chauí, 1990:16), colocar algumas instituições (como o liberalismo, a democracia representativa, o poderio norte-americano) fora da história, como se não pudessem, daqui em diante, sofrer a ação do tempo.

O tempo histórico é feito do combate entre permanência e mudança, e o "sempre foi assim" e o "vai ser sempre assim" são expressões de quem não pôde pensar historicamente. De imediato, situações que pareciam sólidas no início deste novo século, como a consolidação do neoconservadorismo e do neoliberalismo no mundo ocidental, foram profundamente abaladas antes do final da primeira década, com a eleição de líderes de esquerda na América Latina, com a crise financeira mundial de 2008, a retomada da perspectiva de intervenção importante na economia e, por fim mas não menos importante, a eleição do democrata negro Barak Hussein Obama para a presidência dos Estados Unidos.

Todas essas afirmações que vimos fazendo até este ponto, desde o início do capítulo, não têm o caráter de enunciação de verdades descobertas ou reveladas. Trata-se apenas de uma tentativa de formular os padrões de entendimento típicos de uma forma de geração de sentido histórico correspondente a uma configuração moderna, científica e dialogante de consciência histórica. Afinal, a geração de sentido histórico também é histórica!

Se somos obrigados a usar, nas nossas ações cotidianas, algum tipo de conhecimento que interpreta a nossa identidade no tempo, não é isso que significa, necessária e imediatamente, que sejamos capazes de pensar historicamente. Dizendo de outro modo, entende-se aqui que "pensar historicamente" é a capacidade de beneficiar-se das características do raciocínio da ciência histórica para pensar a vida prática. Determinadas formas de consciência histórica, por exemplo, tendem a excluir ou a incompatibilizar-se com o pensar historicamente segundo essa definição, o que não quer dizer que deixem de manejar alguma compreensão do que é o tempo, de onde vem e para onde vai. É o caso de qualquer fundamentalismo religioso, que exclui elementos centrais do raciocínio da ciência histórica, como a relatividade e historicidade da verdade (já que a verdade religiosa é revelada de modo sobrenatural e não está sujeita à discussão; só cabe aceitá-la ou não), a ação autônoma do sujeito (já que os sujeitos são instrumentos para que se realize o que a divindade já havia concebido)[1] e a abertura do futuro (já que se pensa num tempo de redenção ou juízo final, em que o próprio tempo termina), entre outros.

Na cultura política brasileira, por exemplo, também é possível perceber elementos que se contrapõem ao pensar historicamente nas frases do senso comum que, em relação ao poder, afirmam que "as coisas sempre foram assim e vão continuar sendo" (ou seja, simplificam e nivelam diferentes experiências históricas, excluindo contradições e fatores de complexidade) ou que "as grandes decisões políticas foram e são trabalho para grandes homens, não para o cidadão comum" (assumindo como verdade algo que é uma formulação ideológica das classes dominantes).

Muitas dessas ideias que se enraízam no senso comum podem acabar se tornando limitações ou dificuldades para a realização de projetos coletivos de pessoas, regiões e países, pois algumas delas assumem a forma de preconceitos, no sentido de percepções preconcebidas que dificultam ou impedem novas abordagens, que passam a implicar rupturas com um grande sistema de significados e identificações. Por exemplo: a ideia, muito difundida no Brasil, de que ele é o "país do futuro", ou seja, que tem por destino obrigatório ser uma grande e próspera nação, desobrigando ou tirando a necessi-

---

[1] Apesar da manobra lógica do livre-arbítrio, que geralmente serve para desresponsabilizar a divindade do mal que é feito no mundo.

dade urgente, na cultura dos seus habitantes, de resolver seus problemas presentes. Na Argentina, por sua vez, essa noção de grandeza inclui a ideia de posse argentina sobre as ilhas Malvinas e o território antártico, que aparecem nos mapas escolares identificando esses espaços com a nação.[2] Quando nos referimos às imagens que fazemos sobre os outros povos, isso pode ser um obstáculo para o aprofundamento das relações com nossos vizinhos ou para o nosso próprio desenvolvimento, na medida em que mobiliza ou dispensa a energia das pessoas para determinados problemas que elas não chegaram a estabelecer, por si mesmas, como legítimos ou prioritários.

Além dessas perspectivas, devemos adicionar que, na sociedade informatizada e tecnificada desde o fim do século XX, há forças contrapostas ao pensar historicamente. De certa forma as sociedades hipermodernas, em que o passado parece muito distante e o futuro parece realizar-se imediatamente em uma ampliação do presente e no vertiginoso ritmo dos acontecimentos e informações, há uma reaproximação da relação com o tempo que tinham as sociedades ditas "primitivas". Novamente recorremos a Chauí (1990:62), que descreve com precisão essa ideia:

> Volátil e efêmera, hoje nossa experiência desconhece qualquer sentido de continuidade e se esgota num presente sentido como instante fugaz. Ao perdermos a diferenciação temporal, não só rumamos para o que Virilio chama de "memória imediata", ou ausência de profundidade do passado, mas também perdemos a profundidade do futuro como possibilidade da inscrição hu-

---

[2]Ver a obra coordenada por Romero (2007), *La Argentina en la escuela*. A antiga reivindicação das Malvinas e de um trecho da Antártica como território argentino é praticamente imposta aos cidadãos e colocada como condição de cidadania, já que os mapas escolares continuam tendo que ser aprovados por um instituto militar e devem, obrigatoriamente, incluir esses espaços.

mana enquanto poder para determinar o indeterminado e para ultrapassar situações dadas, compreendendo e transformando o sentido delas. Em outras palavras, perdemos o sentido da cultura como ação histórica.

O que a história pode oferecer para que as pessoas se orientem melhor no tempo?

Em primeiro lugar, a história, disciplina científica, baseia-se na noção de historicidade e a oferece como elemento do pensamento cotidiano, ou seja, todas as coisas resultam de um processo histórico e continuam na história. Isso significa que o que é histórico não é absoluto, deriva de uma série de fatores, foi diferente no passado e pode mudar novamente. Isso coloca em perspectiva a ação dos sujeitos individuais e coletivos como possibilidade, sem o que não é possível pensar uma cidadania ativa.

Orientar-se no tempo é similar a orientar-se no espaço, ao menos nas estruturas. O primeiro passo é "o ponto onde estou": no tempo, esse ponto se compõe da definição da própria identidade, ou da identidade grupal (em culturas refratárias ao individualismo). As minhas coordenadas são a percepção e a definição do meu presente, cruzadas com as minhas origens pessoais, minha família e minha comunidade. Mas um ponto não basta; é preciso uma reta que, como se sabe, é constituída de um alinhamento de infinitos pontos, embora possa ser definida por apenas dois deles. Passado e presente assumidos por alguém dão os dois pontos mínimos para que identifiquemos uma reta. Mas uma reta, embora já estabeleça uma direção, não tem ainda um sentido; esse sentido não é apenas do passado para o presente (afinal, muitas vezes o passado se faz presente), mas o plano individual e coletivo, pelo qual nos projetamos para além da nossa condição de hoje. O saber sobre o tempo permite a navegação segundo um "mapa" de significados que a reflexão sobre o tempo ajudou a dar aos elementos que fazem parte do nosso "entorno cronológico".

Esses mapas do tempo são oferecidos desde diferentes perspectivas, e descrevem de modos distintos e sobrepostos o mesmo "território". Assim são oferecidas diferentes orientações temporais.

A história oferece também a ideia de que todos os pontos de vista sobre um determinado assunto são, afinal, relativos a determinadas origens, sujeitos, tempos. Em outras palavras, todas as afirmações têm um autor (individual ou coletivo) e podem ser compreendidas com maior clareza estudando esse autor, seu lugar na sociedade e na história, seus projetos e interesses, sua formação e seu universo cultural no tempo em que existiu. A história permite, afinal, compreender que todas as coisas estão sempre vinculadas a contextos, e só são compreendidas se os contextos em que surgem e se desenvolvem são esmiuçados. Por isso são relativas, por relacionarem-se a contextos, condições, pessoas, posicionamentos. De posse dos rudimentos do método histórico, a leitura de mundo que o sujeito faz é muito mais clara e autônoma. Por essa razão há quem diga que, no ensino de história, o mais importante não é estudar os conteúdos em si, mas o método, a forma de pensar, produzir e criticar o saber sobre os seres humanos no tempo.

Além de tudo isso, o historiador só pode construir os conhecimentos a partir de suas pesquisas considerando todos os conhecimentos anteriores atinentes ao seu tema. Assim, tem que ser capaz de emitir um juízo crítico sobre as perspectivas explicativas da história que o antecederam e embasaram. Talvez essa seja uma das contribuições mais importantes do "pensar historicamente" para a construção da cidadania: a capacidade de entender e posicionar-se diante de visões de mundo, de explicações gerais ou fragmentárias sobre a sociedade, que utilizam conhecimentos sobre o tempo. E isso, por sua vez, só se dá quando nos informamos sobre o assunto em foco, quando conhecemos minimamente o que já se disse e escreveu sobre ele.

Não é o caso, entretanto, de imaginar que o "pensar historicamente" signifique conduzir o aluno/cidadão a assimilar uma das muitas doutrinas sociais ou científicas como a verdade a partir da qual todas as outras visões sejam medidas. Por tratar-se de método científico, o método histórico supõe, como única verdade, que o melhor argumento deve prevalecer no processo de discussão de ideias. Portanto, o conhecimento é provisório, e nossas "verdades" só merecem esse título quando continuamente submetidas a teste e à possibilidade de refutação. Do contrário, construiríamos dogma, que é o oposto do saber científico.

Na obra *Pedagogia da autonomia*, Paulo Freire defende que a "conscientização", conceito que utilizou nos anos 1960 em outro contexto científico e ideológico, não perdeu a sua validade. Desde que a conscientização seja pensada como o oposto da doutrinação e processo pelo qual o sujeito compõe a sua autonomia, e dentro ainda do princípio de que "ninguém educa ninguém, ninguém se educa sozinho..." (o que vale também para "conscientizar") o conceito é compatível com o que vimos trabalhando nesse tópico. Não se trata de imaginar que "consciência" seja algo que se tem ou não se tem, ou que se tem do jeito certo ou errado, ou que possa ser doado de um sujeito para outro, pois isso significaria a imposição cultural de uns sobre outros. A consciência do mundo, dentro da

Ensino de história e consciência histórica 67

perspectiva aqui tecida, é inerente ao ser humano, e pode ser mais ou menos aprofundada, mais ou menos adequada ao seu contexto, mais ou menos envolvida por mitos e preconceitos, mas o educador não é aquele que traz a luz sobre os ignorantes cegos. Pelo contrário, dentro do princípio freiriano, ele é uma espécie de parteiro que ajuda no processo de conscientização, não lhe cabendo em nenhum momento impor a sua própria visão de mundo. Nisso, tanto Freire quanto Rüsen alinham-se à perspectiva de razão dialógica ou comunicativa do filósofo Jürgen Habermas.

A ideia de pedagogia do oprimido (Freire, 1987) é muito significativa: não se trata de pedagogia para o oprimido, mas uma pedagogia que o tem como sujeito. Os temas da conscientização e do medo da liberdade introduzem o tema do diálogo, que é o verdadeiro fio condutor nesse momento. Para descrevê-lo, Freire aponta o seu extremo oposto, que nega politicamente o diálogo: o sectarismo. Este é estéril, porque fechado numa postura de "dono da verdade", incapaz de se relacionar de modo produtivo e colaborativo com quem não partilha dos mesmos pontos de vista (embora muitas vezes partilhe dos objetivos e princípios). Há um ponto de encontro visível entre uma pedagogia que se nega a ser resumida a mera transmissora de conhecimento – porque entende que o conhecimento não se transmite por vasos comunicantes do cheio ao vazio – e uma perspectiva de didática da história que rejeita que seu problema seja como ensinar (ou transmitir) melhor e se preocupa em compreender como pessoas que já sabem uma ou várias relações com o tempo integram esse conhecimento como uma outra forma ainda de pensar essa relação, que é a história ensinada na escola, referenciada na história dos historiadores.

A concepção de história que se coloca em foco agora inclui tanto as vertentes que consideram que a história não é uma ciência (por compreenderem "ciência" em sua formatação moderna, absoluta e arrogante diante de outras formas de conhecimento, ou por compreenderem que a produção de verdades absolutas é impossível, ao menos em ciências humanas) quanto as que mantêm a perspectiva de que a história, como conhecimento racional – baseado em e gerador de enunciados razoáveis –, é ciência, mas, como ciência, não é um saber fazer isolado de outras formas de conhecer existentes na sociedade. Pelo contrário, é o que está fora da ciência da história que a motiva e move, e o que a motiva e move também é influenciado pelos resultados divulgados do trabalho da história.

Essa perspectiva tem base em diversos pensadores, mas um dos mais destacados é Jürgen Habermas e a teoria da ação comunicativa, que traz em si o conceito de razão comunicativa. Aqui a racionalidade é produzida processualmente, envolvendo falantes e ouvintes que busquem entender-se sobre o mundo objetivo, social e subjetivo: uma posição não subjuga a outra, só vindo a substituí-la se logra convencer, negociadamente, a outra posição. As proposições racionais deixam de ser aquelas que correspondam a uma pretensa e ilusória verdade objetiva, e passam a ser aquelas que sejam capazes de atender aos requisitos racionais da argumentação e da contra-argumentação, da prova e da contraprova, na busca dos dialogantes por entendimento mútuo. É interessante notar como a argumentação de Habermas converge com a de Paulo Freire, de modo que podemos dizer que ambas participam da construção de um paradigma emergente na teoria do conhecimento. Da mesma forma que Rüsen, Habermas e Freire não desistem da razão nem se aferram a uma razão objetivista e cartesiana, que só sobrevive se não for discutida e questionada em seus fundamentos. Procuram alargar a dimensão da razão e suas fontes, e com isso não estabelecem um universo próprio no campo das ciências, mas ajudam a responder, no campo das ciências humanas, aos desafios epistemológicos cruciais postos pela teoria da relatividade e pela mecânica quântica.

Neste quadro, o ensino de história não tem como ser enunciação, mas diálogo. Não cabe a ideia de que a história ciência produz e a história ensinada reproduz, divulga ou didatiza para o mundo dos não iniciados. Em seu nascedouro, o conhecimento histórico científico encontra-se encharcado das razões da vida prática, visto que os sujeitos desse conhecimento são seres humanos envolvidos com o cotidiano: a relação de aprendizagem histórica precede e projeta-se após o ato da produção do conhecimento. O aprendizado, por sua vez, é um ato de colocar saberes novos em relação com saberes anteriores, já que viver implica alguma forma de aprendizado sobre alguma forma de história (no sentido de tempo significado); nesse sentido, é um ato de criação de conhecimento, também. O ensino escolar de história, portanto, não é dar algo a quem não tem, não é dar saber ao ignorante, mas é gerenciar o fenômeno pelo qual saberes históricos são colocados em relação, ampliados, escolhidos, modificados. Nada pode ser mais prejudicial para isso do que uma tábua inflexível de conteúdos selecionados previamente e fora da relação educativa.

Em suma, defendeu-se aqui que o ensino de história, além de um problema prático e teórico posto à educação, é também um problema prático e teórico posto à própria história. Em outras palavras, os problemas que identificamos hoje na educação, e especificamente na parcela da disciplina história e suas correlatas, bem como em atividades curriculares e extracurriculares que envolvem conhecimento histórico, não serão devidamente equacionados nem minimamente enfrentados enquanto os historiadores – não só os institucional e academicamente envolvidos com o ensino – não se responsabilizarem. E não se trata de "meter o bedelho" na área e pontificar, olhando "de cima", sobre o que deveria ser feito, mas estudar, saber o que já foi dito, pensado e escrito, argumentar e contra-argumentar com o que já virou consenso (que, nessa visão, é sempre provisório) e com as perspectivas controversas; enfim, participar.

Considerando tudo isso, o processo educativo que promove a conscientização não tem um ponto de chegada (e muitas vezes nem mesmo um caminho) preestabelecido. Por isso não é surpreendente que, uma vez desencadeado o processo pelo qual os educandos passam a ler e interpretar o mundo a partir do desenvolvimento da própria consciência, muitas opiniões divirjam das próprias opiniões da professora ou professor. Educar é um processo de diálogo, e o professor revolucionário pode acabar diante de alunos socialmente desfavorecidos que, conscientemente, rejeitam a revolução, pois avaliam criteriosamente que os processos revolucionários historicamente geram mais sacrifícios e perdas para os mais pobres. Embora eventualmente concordem com um projeto utópico de sociedade, não estão dispostos a concordar com o caminho que o educador apresenta, pois a eles cabe a parte maior e mais pesada da conta. Se esse educador não estiver conscientizado sobre o que o processo de conscientização significa, poderá achar que seus alunos não estão conscientizados, porque a conclusão de um aspecto da educação – um posicionamento político estratégico, nesse caso – não corresponde ao que ele projetou. Diferentemente disso, se o educador estiver consciente de que a educação (freirianamente concebida) é principalmente diálogo, terá diante de si um rico material para rever suas próprias concepções e, assim, também aprender. Portanto, a conscientização, como a educação, também não é um ato unilateral, mas um processo em que todos estão envolvidos, e o professor também se abre para ser conscientizado sempre, adotando uma postura de pesquisador diante da atividade educativa: "Em lugar de 'estranha', a conscientização é 'natural' ao ser que, inacabado, se sabe inacabado" (Freire, 1996:60).

Qual seria a contribuição da história para a conscientização dos sujeitos, segundo a perspectiva de conscientização definida acima por Freire? Partimos mais uma vez do princípio da ausência: o que significaria a inadequação da consciência histórica, a ser trabalhada por uma ação criteriosa da escola e dos profissionais da história envolvidos com os meios de divulgação do conhecimento histórico? Essa inadequação significaria, sobretudo, uma incapacidade do sujeito de agir a favor de seus próprios interesses. O problema é que esses interesses não são dados objetivos. Mas não é só isso: trata-se da incapacidade de ler o rumo tendencial do tempo a partir dos indícios do passado e do presente, e ficar, assim, impedido de lidar com estratégias de ação mais adequadas a seus próprios interesses.

Não se pode definir de antemão, através de algum método neutro, quais são os interesses de outrem. "Felicidade", por sua vez, é um critério bastante subjetivo para definir se uma determinada visão do mundo, da identidade, do tempo é produtora de ação que, por sua vez, gere ou contribua para gerar situações cada vez mais favoráveis para o sujeito. Mais um passo e nos esborrachamos no abismo do relativismo total, antes de o leitor concluir o que toda essa discussão tem a ver com o ensino escolar e extraescolar da história.

Então, o que pode ser considerado contrário aos interesses do próprio sujeito? Podemos começar lembrando novamente a cara regra dos historiadores, que é a historicidade: os interesses são históricos, datados, e, além disso, definidos socialmente. Essa talvez seja a nossa primeira âncora: o estágio de "civilização" que estabelecemos (embora não consigamos praticá-lo, como humanidade, por uma série de obstáculos). Isso significa, por exemplo, que o bem-estar (para não usar o termo "felicidade") de todos está acima do bem-estar individual. Em nosso ordenamento jurídico e ético contemporâneo, o interesse público é anterior ao interesse individual, independentemente da origem social ou dos privilégios do indivíduo. Por isso a sociedade não consente na continuação do prazer que o psicopata sente quando pratica seus assassinatos, pois esse "bem-estar" individual significa a destruição do bem-estar coletivo, seja para as vítimas concretas, seja para as próximas vítimas potenciais, gerando, portanto, insegurança em toda a população envolvida. Ou, para usar um exemplo mais prosaico, o direito de alguém à liberdade individual de ingerir bebida alcoólica e depois dirigir não se sobrepõe ao interesse coletivo de evitar acidentes, ferimentos, custos de hospitais e honorários médicos, custos judiciais, perda de produtividade no trabalho e, principalmente, de vidas.

Esse exemplo extremo aponta para a construção coletiva das nossas interdições socialmente construídas, que envolvem diversas situações graves, mas menos terminais: violência contra a mulher, exploração de crianças e adolescentes, corrupção, racismo. Ações que continuam sendo praticadas como se nós, a humanidade, fôssemos jogados continuamente entre luz e trevas. Se não podemos dizer arrogantemente que estamos muito melhor que outras civilizações ou outras épocas, sabemos coletivamente para onde gostaríamos de ir.

Os fundamentos da arena onde se digladiam as diferentes propostas sobre o destino da comunidade estão assentados em códigos legais, como a Declaração dos Direitos Humanos e a Constituição Federal. Sem esquecer que esta última não é o espelho fiel e exato da vontade popular, mas é filtrada pelas diferenças de poder que caracterizaram a Assembleia Constituinte e os sucessivos congressos nacionais que a modificaram, essa é uma âncora importante para começar a definir o que seriam os interesses a partir dos quais seria viável definir a conscientização histórica possível para os sujeitos, conforme sua identidade e especificidade. Pelo menos temos um princípio – histórico, datado – de que os interesses individuais não podem produzir o prejuízo (morte, fome, miséria, ferimentos, doença física ou psicológica, ignorância, exploração) dos interesses dos demais. E, repitamos, tudo isso continua a acontecer, o que só torna mais válida ainda a perspectiva de Freire, de que estamos fadados a mudar o mundo... continuamente, talvez.

Teremos que nos equilibrar, portanto, com a provisoriedade do que cada pessoa, cada grupo e cada tempo consideram "felicidade"; com o que a humanidade e as sociedades particulares consideram correto através de suas leis maiores. Um exemplo é que seria obstáculo para a consciência histórica almejada qualquer perspectiva do tempo que nos fizesse aceitar que grandes parcelas da humanidade devem perecer para que os "melhores" sobrevivam – sobretudo se essa perspectiva apontar isso como necessário, inevitável. Estamos nos referindo, obviamente, ao nazismo, mas não podemos deixar de olhar para determinadas formulações do próprio neoliberalismo que insistem para que não se invistam recursos em pessoas que não poderão ter uma vida produtiva ou que não conseguirão se constituir como consumidores úteis. Desse modo, o programa neoliberal dançou na beira do abismo ao flertar com a ideia de duas humanidades: uma envolvida no mercado global e a outra não, e por isso descartável ou abandonável à própria sorte.

Outra forma de olhar esse problema é o dado de que nós, assim como nossos interlocutores, não temos uma visão clara e definitiva do que seriam nossos próprios interesses. Isso não invalida que os interesses dos trabalhadores sejam obviamente distintos dos interesses dos patrões (ou que o interesse dos sem-terra seja diferente do interesse dos latifundiários), embora essa distinção não impeça que se façam acordos baseados em interesses pontuais comuns no curto prazo. Isso implica que nossa visão do que é o "verdadeiro" interesse de um grupo – gangues de adolescentes, sem-terra acampados, operariado, professores – não é inútil diante da opinião dos sujeitos sobre si mesmos, ao mesmo tempo que não é uma visão científica de quem, conhecendo o "verdadeiro" rumo da história, fosse transmiti-lo aos "ignorantes" de seu próprio destino histórico. Essa seria, por exemplo, a perspectiva de uma vanguarda revolucionária de viés leninista, cujo paradigma estamos recusando assumir ao admitir Paulo Freire e Jürgen Habermas como referenciais consonantes, aliás, com Rüsen e Heller.

Nosso entendimento do interesse do outro tem a importante função de contraponto e combustível da dialogicidade necessária, estabelecendo outro ponto de vista com o qual fica possível começar o diálogo. É um despir-se de preconceitos constantes, sobretudo o preconceito de que a ciência da histó-

Ensino de história e consciência histórica 75

ria pode oferecer o rumo correto da história e o lugar certo do interesse dos povos. Ela não suprime nem se impõe ao "senso comum", mas dialoga com ele, vem dele, volta para ele; assessora a reflexão, a dúvida, e a busca por meio do diálogo. Para isso não basta despir os preconceitos, mas estar disposto a interagir, o que, em última instância, significa que coloco minhas convicções em jogo, "ameaçadas" por novas formas de ver os temas que elas enfrentam. Pensando na perspectiva do professor de história, é evidente que "passar conteúdo" ou transmitir conhecimento é muito mais seguro e reconfortante.

Nazismo e holocausto judeu são temas dos mais ricos para continuarmos desenvolvendo essa discussão. Sobretudo o holocausto, que coloca em xeque as discussões entre a historiografia moderna e a pós-modernidade, o que põe questões centrais para o ensino de história, sobretudo as consequências morais do relativismo na abordagem das representações sociais. Não é demais lembrar que o holocausto só tem esse peso diante de tantos outros holocaustos (a conquista da América, a diáspora africana, o domínio do rei Leopoldo da Bélgica sobre o Congo), porque o holocausto judeu atingiu a classe média branca europeia no próprio coração da Europa. Isso não o torna menos horroroso ou trágico, mas coloca as coisas em perspectiva.

Para a posição pós-modernista há uma crise das representações na pós-modernidade. Como consequência, essa crise significa, no extremo, a impossibilidade do conhecimento histórico, porque o historiador só teria condições de produzir o texto historiográfico (por si só uma representação) a partir de outras representações, e não do real. Dessa forma, um discurso historiográfico seria tão válido como qualquer outro, como a literatura fantástica ou o horóscopo diário. O discurso histórico seria um gênero literário, ou, em outros termos, o passado não teria nenhum grau de objetividade, sendo possível apenas como representação de representações. E, note-se, a desmaterialização do passado converge com o "presente contínuo" em que se vive na atualidade. Que tipo de orientação temporal (e, portanto, de ação didática) esse tipo de saber permitiria? Novamente recorremos a Rüsen (1997:90):

> O que nos propõe, então, a concepção pós-moderna de história no tocante à função orientadora do saber histórico? Qual é sua alternativa de dar à vida uma orientação para a mudança e para a transformação, que pudesse ser aplicada na vida cotidiana e no agir privado? A resposta é: orientação por meio da imaginação. Como se nega uma entidade real chamada "história", essa imaginação histórica é constituída por elementos da ficção. Assim, em princípio, ela não pode orientar o agir prático, pois um agir orientado segundo ficções conduz à catástrofe completa. De acordo, porém, com meus cinco princípios do conhecimento histórico, deve existir uma forma de orientação. E, com efeito, a pós-modernidade oferece uma função de orientação na história. Embora de natureza muito específica: trata-se de uma espécie de orientação da vida humana que pode ser comparada com sonhos. A psicanálise nos ensinou que necessitamos de sonhos para poder dar conta da realidade. E essa me parece ser a função da historiografia e da teoria da história pós-modernas. De certo modo, trata-se aqui de uma compensação dos resultados negativos da ação contemporânea; trata-se de um consolo estético produzido pela memória histórica diante da crise do progresso e da ameaça pela catástrofe [...].[3]

---

[3] O pensamento de Rüsen é influenciado pelo chamado *linguistic turn*, a "virada linguística" referida às ciências humanas, mas no texto citado ele faz questão de estabelecer a medida pela qual é possível aceitar as propostas e críticas de viés pós-modernista, e quais os princípios modernos — como a razão, que fornece autoridade, por exemplo, para a ciência da história — que não são abalados em sua estrutura por aquelas críticas.

Falcon (2000) aponta, entretanto, que o posicionamento historiográfico derivado da "virada linguística" titubeia quando o problema é o holocausto e a disputa revisionista sobre sua existência ou não. Nossa hipótese é que isso acontece pela ampla dose de horror envolvida no tema, um dos tristes episódios em que os conflitos extrapolam os interesses econômicos ou políticos e descambam para a liberação irracionalista do *tanatos* em larga escala, episódios cujo sentido é não fazer sentido algum. Em Agnes Heller a consciência da morte é a primeira porta para a compreensão humana do tempo e da finitude, que, por sua vez, embala o surgimento da consciência histórica. Isto porque a morte prova a sua objetividade por si mesma, qualquer que seja a representação que fazemos dela. Ela evidencia a limitação da capacidade instituinte dos imaginários, representações etc. Ela introduz, de modo irremediável, a noção do perecimento, da contundente provisoriedade do ser humano. A morte de um membro do grupo é uma experiência limítrofe, e talvez este seja o primeiro nivelador das pessoas, sendo provável que tenha contribuído para as práticas de memória como primeiro uso de narrativas sobre o tempo destinadas à identificação entre os membros da comunidade primitiva.

O holocausto não desaparecerá se conseguirmos provar que ele é uma representação pró-Israel ou algo do gênero; as evidências até aqui não o permitem. Há muita morte envolvida para minimizar o acontecido, e não importa se estamos falando em 500 mil ou 8 milhões. O holocausto é o tipo de horror em que a morte, em níveis industriais, passa a compor um horror qualitativo, em que a quantidade já não é mais uma questão. O mesmo vale para a ação homicida das ditaduras no Cone Sul: não há como discutir se a ditadura brasileira foi branda ou "menos ditatorial"[4] por ter sido responsável, proporcionalmente à população total da época, por menos opositores mortos ou desaparecidos do que a do Uruguai, da Argentina ou do Chile, por exemplo – a violação dos direitos humanos não é quantitativa, mas qualitativa.

No que tange à questão educacional, no pensamento moderno a ação sobre a consciência histórica é desenvolvida no ensino de história, de modo a orientar as pessoas no tempo e evitar concepções históricas que já estejam superadas, segundo propõe, Klaus Bergmann, (1990). Isso em qualquer vertente moderna, desde os primórdios do ensino de história no Império brasileiro ou na nascente República argentina da primeira metade do século XIX, por exemplo, até as reformas curriculares dos anos 1990 (embora alguns críticos apontem influências pós-modernas importantes nos fundamentos de suas propostas). Essa orientação hoje tem uma face dominante que inclui, por exemplo, a prevenção contra movimentos do tipo nazismo e a apologia dos direitos humanos.

A concepção pós-moderna nega não apenas o conhecimento histórico, mas a possibilidade de ensinar história no sentido de orientar temporalmente as novas gerações a partir daquilo que os estadunidenses chamaram, no século XVIII, de "*common sense*". Ora, a impossibilidade de ensinar história porque o conhecimento histórico não passa de uma representação equivalente à literatura de ficção abre espaço (e agora fazemos

---

[4]Em 17 de fevereiro de 2009, um editorial da *Folha de S.Paulo*, crítico ao governo de Hugo Chávez na Venezuela, usou o termo "ditabranda" para referir-se à ditadura brasileira, argumentando que, ao contrário das ditaduras nos países vizinhos, os governos dos generais não tiveram posturas tão extremas no campo institucional ou no campo do desrespeito aos direitos humanos. O fato recebeu protestos indignados de leitores e intelectuais, e uma manifestação de repúdio ocorreu em frente ao prédio da empresa. A *Folha de S.Paulo* desculpou-se pelo uso do termo "ditabranda", mas reafirmou suas posições.

o gancho com o holocausto) para um posicionamento em que "a beleza é mais importante do que a vida", tese central do nazismo exposta em *Arquitetura da destruição*, documentário dirigido por Peter Cohen em 1992, e comum ao pensamento neoliberal, como vai se evidenciar em seus críticos, como Viviane Forrester, em *O horror econômico*,[5] denunciando o projeto neoliberal que exclui amplas parcelas da população mundial, relegando-as ao desemprego, à miséria, às epidemias, às migrações forçadas, aos campos de refugiados, à morte. Não porque sejam declarados como "geneticamente inferiores", mas porque não interessam ao "mercado".

No pensamento e na historiografia pós-modernos estão estabelecidas condições para defender que o holocausto não existiu, e que esse neoliberalismo é aceitável; afinal a história não se diferenciaria fundamentalmente da ficção e não pode dispor de âncoras objetivas sobre as quais se fixem bases de uma discussão racional (no sentido da vitória do melhor argumento) intersubjetiva. Como seria o programa pós-moderno sobre o nazismo na escola? Uma representação estética de um pesadelo, ou de um sonho de beleza e pureza racistas? Uns dizem que houve *shoah*, outros dizem que não, e o aluno escolhe aquilo em que quer acreditar, conforme a história mais bem-contada (ou seja, esteticamente superior). Não há evidências a orientar/sustentar argumentos e raciocínios. Assim, não se orienta o aluno para lugar algum, dentro do pretexto da relatividade e da despolitização da sala de aula de história, contra a doutrinação etc. No limite, é uma posição ingênua, inocente útil ou mal-intencionada.

---

[5]A orelha da capa do livro, em sua edição pela Unesp (São Paulo), estabelece exatamente essa ligação do desprezo neoliberal pela vida – expresso no desprezo às políticas sociais – com o holocausto. Ver Forrester (1994).

Como vimos anteriormente, para Klaus Bergmann uma das tarefas centrais da didática da história é trabalhar pela rejeição de perspectivas históricas já superadas. Se para nós isso parece um pouco estranho (afinal, a superação histórica de qualquer coisa é muito mais complicada do que parece), não é nada difícil de entender quando lembramos que Bergmann, alemão, escreve para uma sociedade cuja cultura histórica é assombrada pelos ecos do nazismo e pela presença do neonazismo. Mas – pode o nosso aluno ou o nosso colega perguntar –, não poderá o neonazismo estar certo em alguma coisa, no que se refere à visão de história na qual se sustenta? A resposta dependerá do critério: se este for racional, baseado no método histórico (sustentado em evidências) e sustentado na moralidade contemporânea do valor supremo da vida, a resposta é *não*. Se o critério for o relativismo, a ideia de que a história é uma ficção, em que as histórias valem por serem bem-contadas (valor estético) ou por aplacarem terapeuticamente as angústias ou desejos de uns ou outros, por serem capazes de nos reconfortar com nosso passado e com nosso futuro, então a resposta é *talvez*, mas, assim, abrimos os portões para as monstruosidades derivadas do "sonho da razão", mencionado por Rüsen no artigo em português de 1989, citando o título de um quadro de Goya.

A conscientização histórica não é definitiva, porque a "verdade histórica" também não o é. Mas é racional, verga-se ao melhor argumento, à narrativa mais bem fundamentada. Assim fica mais fácil vislumbrar que tipo de conscientização histórica o profissional da história – seja na escola, seja no museu, seja nos meios de comunicação de massa ou nos movimentos sociais – pode desenvolver. A conscientização, vale a pena insistir, não é conceder consciência a quem não a tem

Ensino de história e consciência histórica

(isso não existe), mas atuar com nossa consciência, buscando influenciar e transformar a consciência dos educandos, num processo em que a nossa própria consciência – geral e histórica – não sai da mesma forma que entrou. Como ensina Rüsen (1989:323):

> Formalmente o pensamento histórico é racional, quando realizado dentro de um determinado tipo de linguagem e comunicação: quando ele se realiza mediante uma conceituação, está em sintonia com a realidade, possui uma regulamentação metodológica e se orienta em elementos consensuais. "Razão" se refere aqui ao caráter argumentativo do pensamento histórico, indissociável da cientificidade.

> Do ponto de vista do conteúdo, um pensamento histórico é racional quando lembra processos e fatos de humanização no passado, quando lembra a eliminação da miséria, do sofrimento, da opressão e da exploração e a libertação de coações naturais ou impostos por outros e a passagem para uma vida de autodeterminação e de participação.

Do ponto de vista funcional ou pragmático, o pensamento histórico é racional quando nas suas referências ao presente serve de orientação para a vida e a formação de identidade dos sujeitos, quando a lembrança histórica favorece a ação e a formação da identidade.

Olhando por esse ponto de vista podemos evitar o equívoco mais comum no ensino de história: o objetivo da disciplina não é ensinar coisas, dar conta de uma grande lista de conteúdos estabelecida por alguém em algum momento no passado.

O objetivo maior é formar a capacidade de pensar historicamente e, portanto, de usar as ferramentas de que a história dispõe na vida prática, no cotidiano, desde as pequenas até as grandes ações individuais e coletivas.

Voltando a Paulo Freire, à comparação possível entre aprendizado histórico e aprendizado do domínio da leitura e da escrita, trata-se, mais do que aprender a produzir e reproduzir códigos, de ler aquilo que origina a escrita e a leitura, ou seja, o mundo. É outra forma de dizer que o aprendizado cognitivo de ferramentas de comunicação e interpretação só é significativo quando surge e se direciona para a vida cotidiana dos aprendizes.

Nesse quadro impõe-se, às pessoas interessadas na educação histórica e política das novas gerações, a seguinte pergunta: se o ensino de história pode influenciar decisivamente a formação das identidades pessoais e coletivas, é possível pensar em termos de identidades razoáveis, para as quais possamos direcionar nossos esforços? Essa questão é posta por Jürgen Habermas, entre outros, considerando que sofremos a produção e reprodução de identidades não razoáveis na atualidade. Para isso seria preciso definir o que consideramos razoável ou racional, e se nos sustentamos na ideia de que o racional é aquilo que deriva, sempre provisoriamente, da força do melhor argumento em discussão. Então, necessariamente temos que considerar a ideia de que a formação de identidades razoáveis passa obrigatoriamente pelo trabalho com a alteridade, a consideração positiva e integracionista do "outro", e com a primazia do diálogo nas relações pessoais e coletivas.

Por fim, vejamos uma proposta de enfrentamento desse dilema por parte de Garcia (1998:290):

> Uma saída para o dilema e uma aproximação a identidades "razoáveis" poderia ser tentar romper o círculo vicioso da pre-

tensão excludente da identidade para situá-la em um contexto de confronto de identidades. Este contexto poderia abarcar as múltiplas identidades que cada indivíduo integra em seus diferentes âmbitos de vida, as mudanças de identidades através do tempo, o contexto regional e internacional das identidades coletivas. Por outro lado, a pergunta [...] quanto à manipulação dos desejos e atitudes coletivos, que se expressam, por exemplo, no imaginário nacional, quer extrair estes sonhos e imagens da "lógica da contraidentificação".

A consciência histórica é histórica... e múltipla!

A consciência histórica não é histórica somente porque se refere aos processos de nossas vidas no tempo; ela mesma é um fator desse processo e, portanto, sofre a mesma condição de todas as coisas históricas, que é ser afetada pelas marcas do seu tempo. Essas marcas não afetam apenas aspectos acessórios do fenômeno, mas a sua própria definição e modos de funcionamento, o que faz vários pesquisadores considerarem, como vimos, que não há consciência histórica senão em nossa época, porque não existe o conceito de história (como o definimos hoje) em outro momento histórico que não a modernidade ocidental. Nascidos e criados no "Terceiro Mundo", temos uma tendência a desconfiar desse tipo de construção intelectual. Ao usar a expressão "consciência histórica", definimos que "história" refere-se a todas as formas de relação humana com atribuição de significado ao tempo, sem a preocupação de restringir essa atribuição aos processos racionais do modelo moderno ocidental, com o que os canais de diálogo permanecem abertos e permitem, por exemplo, participar dos debates sobre a crise da razão moderna de modo que o conceito de consciência histórica não fique "retido" por estar vinculado exclusivamente a uma das posições em discussão.

Para pensar o conceito dentro de sua historicidade, devemos começar pelo contexto em que o criamos, para que possamos reconhecer determinados fenômenos que antes não eram identificados, ou eram percebidos mas considerados irrelevantes. Segundo Laville (2005), que é um crítico das consequências acadêmicas e sociais do uso do conceito de consciência histórica, a expressão aparece bem cedo na filosofia alemã (desde Hegel e Dilthey), mas é retomada na segunda metade do século XX por Gadamer, sem muita repercussão. O conceito ganha espaço mais expressivo no campo das ciências humanas no final da década de 1970, no mesmo contexto da valorização do conceito de memória, que é também o momento em que fica clara a crise das grandes narrativas históricas. De lá para cá, com o fim do socialismo real, a onda das políticas e do pensamento neoliberal e a grande crise de 2008, tivemos o aprofundamento de um contexto econômico e social que continua sendo decisivo para a política e para o pensamento em geral no campo das humanidades.

De acordo com Heller e Fehér (1998), vivemos na era da sociedade insatisfeita, e isso significa que, conscientes da contingência, estamos continuamente com objetivos por alcançar, sejam eles individuais, grupais ou societários. Na atualidade convivem uma visão altamente individualista do tempo e a consciência – diante da crise ambiental, do aquecimento global ou do perigo de um confronto com armas nucleares – de que determinadas tarefas só podem ser cumpridas pela humanidade como um todo, diante da responsabilidade planetária que temos (ou deveríamos ter). Esse estado de coisas e a forma de o entendermos não são antigos e, se procurarmos no tempo, pensando na historicidade, veremos que o passado traz formas muito diferentes de entender e representar o grupo no tempo, o que é uma forma a mais de definir consciência histórica.

Na sua outra obra, Agnes Heller faz um exercício especulativo, com base no que conhecemos[6] sobre a história dos povos que nos antecederam, procurando sistematizar o quanto sua consciência histórica se diferenciaria dos modelos preponderantes na atualidade. Ela chama de "estágios da consciência histórica" essas diferenças nas formas de responder à questão "de onde viemos, quem somos e para onde vamos". Esses estágios são pensados em termos de generalidade (referência a uma parte dos humanos) e universalidade (referência a todos os humanos). Generalidade quer dizer "que a gênese do sistema de valores, hábitos e instituições do grupo em questão abrange em seu projeto a gênese do mundo, o universo enquanto tal" (Heller, 1993:16). Universalidade é a ideia de que, para além do grupo particular, existe um grupo universal ao qual todos nós pertencemos enquanto espécie.

A identidade e a consciência do tempo partem de experiências que começam a ser pensadas quando o *homo sapiens* atravessa o umbral da humanidade, substituindo, na convi-

---

[6]Na verdade, Heller escreve a partir de uma visão de história que, se por um lado conhece, respeita e acata historiadores de vertentes inovadoras, como, por exemplo, Marc Bloch, Henri Pirenne e outros, decorre em grande parte de uma concepção europeia, que identificamos com alguma familiaridade com a "grande narrativa" da história universal. Essa grande narrativa pode ser reconhecida, por exemplo, no modelo tradicional de organização de conteúdos para o ensino de história geral. Desse modo, no modelo que Heller usa não entram outras perspectivas culturais e históricas, como é o caso de sociedades orientais cuja representação da identidade no tempo não corresponde exatamente aos estágios definidos pela autora. Um dos fundamentos desse modelo é o livro de R. G. Colingwood, *A ideia de história*, que é referenciado pela autora.

vência, os instintos pelas normas. É a compreensão da morte que gera a noção de tempo que ultrapassa as limitações biológicas de um indivíduo. Só somos mortais porque temos consciência de que pereceremos um dia, de que seremos não tempo e não espaço, e "não estar mais aqui" e "não mais ser" só têm significado se outros estiverem aqui. A consciência da morte impõe a noção de memória, porque não deixaremos de existir enquanto os que nos sobreviverem se lembrarem de nós de alguma maneira, seja individualmente, seja através dos elementos de cultura que alimentamos e partilhamos ao longo da vida. Por outro lado, para o indivíduo, a perspectiva da morte e da sobrevivência dos demais impõe a noção de futuro, e por isso ele age no sentido de facilitar, depois que ele não estiver mais aqui, a vida dos que ama. Planta oliveiras não para si, como diz Heller, mas porque sabe que outros usufruirão do horto quando ele já tiver partido.

Heller divide as diferentes condições e características da consciência histórica no tempo em *estágios*. Evidentemente, não estamos tratando de etapas necessárias e síncronas que todos os seres humanos deveriam vivenciar, ou então seriam "atrasados" ou "adiantados". A ideia de estágios não precisa ser relacionada necessariamente com a ideia de evolucionismo ou de progresso, nem de simultaneidade; serve, por outro lado, como instrumento para analisar e refletir sobre as diferenças em perspectiva. Além disso, a palavra utilizada no original em inglês é *stage*, que nos permite jogar um pouco com a tradução. O significado mais comum da palavra inglesa é "palco", e também "teatro", "drama"; apenas bem mais adiante, no verbete do dicionário, é que encontramos o significado de *stages* como "estágios". Assim, podemos trocar o sentido de "estágios da consciência histórica" para o de "palcos" da consciência histórica, ou seja, espaços e contextos em que o drama humano se vai realizando, não necessariamente de forma evolutiva, mas de modo distinto e adaptado ao que se pretende ser e ao que se pode ser em cada situação. Assim, não precisamos imaginar uma série de estágios que se sucedem, substituindo uns aos outros, como a imagem canônica da fila de hominídeos que vai do ancestral mais distante até o *homo sapiens* atual. Podemos imaginar palcos que podem ser sucessivos ou concomitantes, com diferentes atores e textos representando dramas semelhantes.

Para Heller, o primeiro momento da consciência histórica é a "generalidade não refletida". Nele é que ocorre a gênese da ideia de humanidade, ainda nas brumas de uma observação que não consegue enxergar muito além do próprio grupo que se descobre como uma coletividade pensante. O surgimento das normas em substituição aos instintos vai demandar um processo de legitimação dessa nova ordem, e a forma mais antiga dessa legitimação é o mito. As pessoas vão relativizar sua própria força, suas próprias vontades, interesses e decisões ao grupo, representado por um ou mais líderes que encarnam de algum modo a coletividade. Quanto mais ancestral o mito parecer, maior será o seu poder de legitimar a ordem, através da legitimação da origem. É nesse nível que a consciência histórica se exprime no mito da gênese.

Na generalidade não refletida, o tempo é infinito em retrospectiva, confunde-se com o presente (aqui e agora é onde a origem termina) e não há ainda a noção de futuro suficientemente delimitada. Nessa situação, as narrativas míticas expressam a consciência coletiva e não podem ser corrigidas ou desmentidas, porque não se vislumbra essa possibilidade ou necessidade.

O segundo estágio da consciência histórica vem a ser a consciência de generalidade refletida em particularidade, quando aparece a consciência de história. Heller usa a mitologia grega para explicar esse momento: o titã Cronos devorava os filhos, ou seja, mantinha o amanhã sob controle e eternizava o presente. A história é transformação, movimento marcado pela existência de instituições, como a política, o Estado, a civilização, que introduzem a mudança no lugar da repetição de um curto ciclo ligado à natureza e à vida das pessoas. Mitologicamente a história nasce, de forma metafórica, com Zeus, o filho que mata o pai tirano e permite que o tempo – completado agora com o futuro, representado pelos filhos – siga seu curso. Não é o caso de perguntar se os gregos realmente acreditavam ou não na figura de Zeus e dos outros deuses, mas de reconhecer que essa narrativa organizou sua forma de ver e representar a coletividade da qual participavam dentro do fluxo do tempo.

A generalidade é refletida em particularidade, porque ser envolve estar não só no tempo, mas num tempo particular – o da organização política do grupo, entendido como imortal –, enquanto os outros são mortais. A generalidade reflete-se no grupo, envolve estar num povo, num Estado, em uma época específica desse povo e desse Estado. Reconhece-se a existência de outros, mas como eles não partilham do nosso grupo, da nossa particularidade, eles não são dotados da condição imortal que se estende ao coletivo, ou seja, a condição de permanecer como parte de uma coletividade que não morre, mesmo após o desaparecimento físico do indivíduo.

A consciência de história é a consciência da mudança. Se, antes, o passado, o presente e o futuro conviviam, agora eles começam a se distinguir mais claramente. O passado confronta-se com o presente, e a gênese já não legitima todas as instituições; afinal, havendo história nem tudo foi criado na ocasião cosmogônica do mito fundador, mas sim por indivíduos e subgrupos, sejam as nossas lideranças, os desviantes, ou quaisquer outros. Assim, percebe-se um começo para a história, fica subentendido que a coletividade pode desaparecer: a eternidade do grupo não está na continuidade da vida dos seus membros, mas na sua capacidade de registrar sua existência sem depender da mente e da voz dos sábios. É, em parte, em relação a isso que se pode explicar a necessidade e a criação da tecnologia necessária para transmitir grandes feitos – que marcam a identidade coletiva, as razões pelas quais o grupo se reconhece como tal – através de algo mais confiável ou duradouro que a oralidade, através de registro pela escrita. Essa escrita dos grandes feitos, todavia, é diferente de historiografia, pois é apenas registro e não permite interpretação. Com a escrita aparece claramente a consciência da história, da mudança, ainda que não haja possibilidade de interpretação. A necessidade de recordar os grandes governantes e heróis se dá porque o corpo político do grupo é entendido como imortal, enquanto o corpo político dos outros (que pode nem ser reconhecido como tal) é mortal.

Embora o próprio Estado já passe a ser percebido como criação humana, não há ainda interpretação, pois o código moral ainda é dado pelo mito. As demais alternativas de organização social são ligadas à ideia da tragédia. No segundo momento desse estágio, identificado pela autora com a experiência histórica da Grécia clássica, existe interpretação sobre os padrões de ação, embora se mantenha uma definição prévia sobre o que é bom, justo e verdadeiro. A gênese particular da própria sociedade é separada da gênese geral da humanidade.

O terceiro estágio, para a autora, é a consciência da universalidade não refletida. Se, como vimos, a universalidade é a ideia de que, para além do grupo particular, existe um grupo universal ao qual todos pertencemos enquanto espécie (o gênero humano), nesse estágio ela é não refletida, porque exclui a particularidade: não importa o grupo ou povo ao qual pertenço; a porta da universalidade continua aberta para mim. Nessa etapa, a universalidade é não refletida, porque exprime-se concretamente nas sociedades convertidas (por exemplo, a cristandade), e só existe nas outras sociedades, em um momento histórico específico, enquanto potencial e ideal. Não são todas as sociedades que refletem a universalidade.

O mito universal geralmente surge a partir de um colapso real. O exemplo mais expressivo é o de Cristo e o cristianismo, a partir do colapso da sociedade judaica, no primeiro século. Esse mito não permite pensar o que somos e de onde viemos, pois oferece uma resposta completa que não aceita desafio. A generalidade (a condição de pertencimento ao gênero humano) seria fruto direto da universalidade do Criador, o que exclui a particularidade, porque qualquer que seja o povo da pessoa, sua salvação só existe se houver sua vinculação à universalidade. O futuro não é incerteza, mas propósito, cumprimento e fim da história, resultado inevitável. Dessa forma o tempo está cheio pela palavra que foi cumprida ou pelo destino que já está prefigurado no futuro pela vontade divina.

O quarto estágio é o da consciência da particularidade refletida em generalidade. Heller aponta que, ao longo do desenvolvimento desse estágio, ocorre a tentativa de integrar todas as histórias dos povos numa única história comum, assim como a separação entre natureza e cultura, com a defini-

Ensino de história e consciência histórica 91

ção do que se pode e do que não se pode modificar ao longo da experiência humana. Trata-se, portanto, da origem mais remota do que se chamará, na crise de paradigmas da virada do século XIX para o século XX, de "grandes narrativas". Nesse estágio a autora indica que há dois níveis: a consciência do recomeço da história e consciência da generalidade refletida em particularidade propriamente dita. Particularidade refletida na generalidade porque se estabelece, no pensamento, a ideia de que há uma natureza humana que se sobrepõe a todas as culturas e povos; só que alguns têm um Estado e um sistema de crenças que é mais adequado à natureza humana que outros: assim, o particular projeta-se sobre a generalidade humana.

A consciência do recomeço da história leva à escolha de um passado. Aqui, Heller refere-se ao humanismo renascentista e sua busca de filiação à cultura da antiguidade clássica. A escolha de um passado alternativo ao que a tradição oferece como "nosso" leva a refletir sobre o colapso de uma sociedade passada, relativizando essa temática: o fim de *um* mundo não é o fim *do* mundo. É uma consciência *sobre* a história, não uma consciência da história, porque resulta da escolha (não necessariamente arbitrária) de um passado. Isso implica entender a pluralidade de histórias, cuja comparação acarreta regularidades. Além disso, a possibilidade de escolher outro passado que não o da representação dominante sobre a sociedade no tempo faz acumular argumentos para que surja a possibilidade da crítica e, portanto, de uma sociedade que não se marcará mais pela unidade, pela homogeneidade, mas começará a ter que suportar a diversidade. Dilata-se o tempo real da consciência histórica, com a percepção da antiguidade da história através do testemunho de outras civilizações.

Aos poucos, surge a noção de que as sociedades têm seus ritmos, de que começam e terminam. Voltaire cunha o termo "história universal", o tempo ideal da história desaparece e a história da redenção separa-se da história, num processo de "desencantamento do mundo".

É nessa etapa que, segundo Heller, aparece a ideia da sociedade como fruto do contrato social. Tal ideia, ainda que ingênua, é demonstração de que se percebe que a natureza humana é "fonte e limite de nossas possibilidades e temos de realizá-la do melhor modo que formos capazes" (Heller, 1993:31). A descoberta dessa possibilidade de ação na história, porém, era vista como atributo das sociedades avançadas, e dela estavam excluídos os povos distantes e exóticos. Por sua vez, estes participavam da humanidade, mas numa condição política e ideológica menos adequada à "natureza humana".

O quinto estágio é consciência da universalidade refletida ou consciência do mundo histórico. Nesse estágio se constrói a concepção da história como entidade inerente a toda a existência humana: coloca-se o fim das histórias no plural, em favor da compreensão de que existe apenas uma história, a universal, do mundo:

> A consciência do mundo histórico não só relativiza nossa cultura, na medida em que reflete sobre a historicidade do presente, mas também a torna absoluta ao considerar-se a única autoconsciência verdadeira da historicidade.
>
> (Heller, 1993:33)

Da mesma forma que há uma história única, há um palco único para que ela seja encenada, concebem-se lugares e momentos em que se faz a história, como a Paris da Revolução

Francesa ou a Bélgica da batalha de Waterloo. Implicitamente, há uma grande gama de lugares e momentos em que não se faz história, ou seja, em que as coisas não acontecem; apenas repetem um ciclo vital sem mudanças políticas significativas. Nesse ponto fica mais clara a perspectiva europeia desse raciocínio, já que não se consideram a visão de mundo e os significados de tempo de quase cinco milênios de história chinesa, por exemplo, por pura ignorância dessa mesma história, que só passou a receber atenção efetiva de estudiosos ocidentais no contexto da expansão neocolonialista do século XIX.

Essa forma de consciência histórica é pluralista e pode acalentar projetos messiânicos de unificação da humanidade, seja pela crença no mercado e suas regras, seja pela crença de que as instituições estatais — representantes por excelência da vida histórica — podem ser continuamente aperfeiçoadas ou mesmo chegar à perfeição. Numa outra leitura, ainda, essa perfeição é o próprio desaparecimento do Estado, por desuso.

Chama-se universalidade *refletida* porque diferentes visões (e projetos) sobre o futuro em uma mesma sociedade debatem-se entre si, uma vez que o futuro é aberto. É uma universalidade que se liga a sujeitos e assuntos representativos (isto é, de validade ou interesse para um grande grupo) na qual o homem (gênero humano) passa a ser o sujeito da história, mas a pessoa (indivíduo concreto, contingente) fica sujeita à história, como homem genial ou homem da renúncia à história.

A consciência do mundo histórico universaliza progressivamente o gosto e a possibilidade de julgá-lo. Para a consciência da universalidade refletida, o particular é o sustentáculo da universalidade; povos e classes são escalados como repositório do interesse, do conhecimento e da cultura de toda a humanidade, porque o conhecimento universal pensado pelos intelectuais – que, por sua condição, se desenraizam – é impotente sem identidade; então se atribui ao conhecimento a característica universal, uma identidade específica, uma classe ou uma nação.

O sexto estágio, por fim, é intitulado por Heller a confusão da consciência histórica, a consciência de generalidade refletida enquanto tarefa. O sistema de crenças característico da consciência de universalidade refletida foi abalado no século XX, diante da experiência de processos de horror coletivo, como as duas guerras mundiais, o holocausto e acontecimentos como Hiroshima e o Gulag, gerando a confusão da consciência histórica. Não que antes não houvesse horror em grande escala, mas a escala do horror no século XX ultrapassou todas as medidas anteriores. Talvez a Guerra de Secessão nos Estados Unidos, com seus mais de novecentos mil mortos, ou o massacre de 3 a 5 milhões de pessoas do Congo sob o rei belga Leopoldo II tenham prefigurado, em pleno século XIX, o que seria o século XX. A diferença, no século XX, foi a maior amplitude das tragédias, aliada à facilidade e rapidez com que se passou a conhecer e acompanhar de perto o que ocorria em seus palcos, através de um sistema global de informação que integrava o telégrafo com o telefone, as emissoras de rádio e jornais. Mais que isso, com Hiroshima e a corrida armamentista atômica, a humanidade pôde se vislumbrar à beira da extinção total.

Com os grandes conflitos e massacres do século XX, ficou evidente que não caminhamos obrigatoriamente do pior para o melhor, da barbárie para a civilização. Pelo contrário, os principais centros de onde emanavam a cultura, a sofisticação, a filosofia praticaram a barbárie numa escala capaz de deixar mudos os povos ditos "bárbaros" ou incivilizados. É abalada

Ensino de história e consciência histórica   95

a crença, inclusive, no "moderno deus" da ciência e da racionalidade, e se percebe cada vez mais a possível nocividade de filosofias da história, "positivas" ou fundadas na ciência. Com a escalada do armamentismo nuclear na época da Guerra Fria, o fim do mundo está colocado nas mãos dos homens e da ciência, o que, por consequência, significa o endeusamento do ser humano. A crise das utopias coloca o individualismo numa posição de centro absoluto do comportamento; daí a proeminência dos apelos de saúde e longevidade, novos mitos de um mundo que aparece sem sentido algum. "O slogan de que não vale a pena morrer por coisa alguma tem o seu reverso: não vale a pena viver por coisa alguma. A vida é venerada como perseverança de um metabolismo cuidadosamente equilibrado" (Heller, 1993:43).

Diante de possibilidades filosóficas que são conformistas, niilistas ou simplesmente destrutivas para a ação humana no mundo, Heller indica que a consciência da generalidade refletida, enquanto tarefa, está ainda em formação. A confusão da consciência histórica não é total. Uma das possibilidades da generalidade refletida é a defesa da ideia de que toda civilização foi construída com as mesmas peças, ou seja, cada civilização seria um mosaico, distinto das demais civilizações, mas seus componentes poderiam ser encontrados em todas elas; assim, somos e sempre fomos essencialmente o mesmo, e nenhuma civilização seria superior ou inferior à outra.

Entretanto, em nossa conjuntura, somos instigados o tempo todo a assumir a responsabilidade pelo planeta, já que nos tornamos conscientes de que podemos mudá-lo de forma tão radical e negativa que a vida seja impossível para os seres humanos. Heller indica, por fim, que a saída para os grandes dramas da consciência humana passa por assumir e trabalhar a responsabilidade planetária. Entretanto, não se trata de uma situação passada a analisar, mas de um programa por realizar. É por isso que temos mais dúvidas que afirmações sobre esse projeto de consciência a construir:

> Pela primeira vez na história, os seres humanos têm de assumir uma responsabilidade planetária. Entretanto, esta, em si, não constitui ainda uma responsabilidade planetária: evoca e reforça o sentimento de impotência, a confusão da consciência, a consciência infeliz. [...] A responsabilidade planetária, enquanto compromisso, consiste na ética. Será que ainda somos capazes de diferenciar o bem do mal? Estaremos prontos para elaborar juntos uma ética da responsabilidade planetária? [...] Teremos nós recursos suficientes para construir um mundo no qual o bem não continue sendo impotente? Como Brecht muito bem ressaltou, a tentação pelo bem é enorme.
>
> (Heller, 1993:48)

A generalidade é refletida porque reconhecemos a humanidade como o grupo ao qual pertencemos, mas essa humanidade é reconhecida apenas dentro da sua materialidade, da sua concretude, não nas abstrações que as filosofias da história do século XIX fizeram dela. A humanidade é reconhecida na sua existência "em si". Ela só é capaz de nos oferecer, hoje, o que ela é, não o que projetamos que ela fosse. Para existir "por si", precisaria optar conscientemente por uma perspectiva comum de futuro, que é a responsabilidade planetária. Por isso, a generalidade, a humanidade, não é uma coisa, mas um projeto e uma tarefa. Fica óbvio o quanto estamos longe dela pela dificuldade que temos de fazer com que toda a nossa plêiade de instituições sintonize-se, por exemplo, com o compromisso e a prática de garantir os direitos humanos, ou de lograr cumprir metas de redução de emissão de gases de efeito estufa, como comprovam os fracassos da adesão ao Protocolo de Kyoto ou a Conferência da ONU sobre Mudança Climática, em Copenhague, em 2009.

Apesar de portadores de algumas limitações, os estágios propostos por Heller e antes resumidos colocam o tema da consciência histórica em perspectiva temporal, e permitem somar argumentos à ideia de que esse fenômeno mental não é típico de uma ou outra cultura, mas sim uma constante antropológica, uma regularidade que pode ser encontrada em todos os seres humanos a qualquer tempo.

Do primeiro ao último estágio não notamos uma linha evolucionista, já que, no final das contas, a atualidade é marcada pela crise e pela ameaça à generalidade. Mas podemos perceber algumas linhas de força que se vão modificando ao longo do tempo humano. A primeira é exatamente a consciência do tempo: ao "rompermos" com a natureza e tornarmo-nos homens, destacamo-nos do tempo natural e passamos ao tempo mítico, que na verdade é um tempo estático. Mesmo concebido como infinito, ele não tem profundidade, ou seja, a narrativa mítica não se refere a algo que aconteceu antes, mas algo que continua acontecendo hoje, e que se parar de acontecer fará com que voltemos ao caos ou ao estado anterior à condição gregária. Do primeiro ao sexto estágio da consciência histórica, o que ocorre é uma dilatação do tempo que a sociedade é capaz de conceber, primeiro pelas narrativas religiosas, depois pela reaproximação com a natureza (ainda que como objeto) através das ciências: a arqueologia, a paleontologia, a geologia, que estendem o tempo concebido para a casa dos milhões de anos. Por fim, a astronomia distenderá o tempo para a casa dos bilhões de anos, tempo da formação dos planetas e do universo em si. Aqui sentimos uma das limitações do quadro montado por Agnes Heller com base na grande narrativa histórica de base europeia: a cultura hindu, ainda na era pré-cristã, já concebia o tempo na casa dos bilhões de anos, pensando em ciclos de criação, destruição e recriação do mundo nas mãos de suas divindades.

Outra linha de força se define no sentido da libertação progressiva do homem em relação a instituições e crenças que o conformam previamente e limitam suas possibilidades existenciais àquilo que é prefigurado pelas gerações anteriores. Só que essa progressiva liberdade não funciona necessariamente no sentido da melhoria da vida do indivíduo dentro do grupo e do grupo como um todo. Pelo contrário, empurra a coletividade no sentido da construção consciente e consensual de acordos de convivência sustentados na plena liberdade de pensamento e garantidos pela adesão dos cidadãos, o que não é um pacto original congelado no tempo, mas um processo contínuo de diálogo e consenso. Obviamente, não existem sistemas que garantam essa construção cotidiana de consensos intra e extrassocietários, mas a continuidade da vida humana depende de sua elaboração. A resposta não parece estar no retorno às crenças que definem o sujeito desde fora, mas sim no acolhimento da sua individualidade e diversidade, base de sua autonomia. Mesmo a concessão de partes da própria autonomia em favor de um projeto, ou de uma liderança, ou de uma crença que outorgue paz e segurança (o que volta a ser admissível diante da crise da racionalidade moderna como projeto de redenção da humanidade) parte de uma escolha relativamente autônoma, ou tende a se desfazer nas sociedades contemporâneas, de tempo acelerado e dissolvente de relações, lealdades e legitimidades.

Após essas pinceladas diante do quadro diacrônico que Heller propõe sobre a consciência histórica, é interessante descrever, por fim, a perspectiva sincrônica de Jörn Rüsen, que aponta que a consciência histórica na atualidade não é homogênea, mas que se realiza segundo diferentes formas de geração de sentido histórico. É na narrativa que essas formas se expressam, pois podem ser descritas como padrões de formatação da narrativa da significação histórica; são diferentes modos da operação mental pela qual a consciência histórica toma forma (Rüsen, 1992, 2001b).

Em cada uma dessas estruturas de geração de sentido, o passado humano é lembrado de forma significativamente diferente; os elementos da memória e das projeções de cálculos e desejos para o futuro são configurados de forma diferente. Essas formas, na prática, não se isolam umas das outras, e nesse sentido são tipos ideais, ou seja, formas abstratas de conceber um processo dinâmico real, dentro do qual muitas vezes elas se encontram misturadas. O tipo ideal é, portanto, um instrumento de análise através do qual buscamos interpretar as ações sociais, uma conceitualização que separa elementos da complexidade do real, e gera uma descrição compreensiva que permite compreender melhor os aspectos dessa realidade. Por isso, é equivocado buscar pessoas ou acontecimentos para categorizar dentro de um dos tipos ideais: eles permitem reconhecer apenas aspectos das pessoas, instituições ou acontecimentos.

Os quatro tipos de geração de sentido histórico (ver quadro da pág.103) são o tradicional, o exemplar, o crítico e o genético.[7]

---

[7] Ver explicação detalhada em Rüsen (2007), a partir da página 48.

Embora crescentes em complexidade cognitiva, a nosso ver eles não são hierárquicos ou etapas necessárias de desenvolvimento, como os estágios do desenvolvimento cognitivo da psicologia genética, por exemplo. Assim, lograr a geração de sentido de tipo genético não implica "superação" dos tipos anteriores, mas sim ter mais uma ferramenta, mais uma alternativa na produção de sentidos aplicáveis à vida prática. Pode-se dizer, mais propriamente, que os diferentes modos relacionam-se, sim, com momentos históricos em que foram ou são predominantes, mas relacionam-se muito mais com contextos e situações até a atualidade, em que são demandados conforme as características do quadro que nos cerca em momentos específicos. Por outro lado, quando pensamos junto com Agnes Heller[8] sobre a consciência histórica em perspectiva histórica, imaginamos que algumas possibilidades de pensamento e de geração de sentido só vão ser possíveis a partir de determinadas condições. Por exemplo, só podemos pensar em realmente dispensar o tipo tradicional nas escolhas cotidianas quando surge a possibilidade de imaginar o universo sem um Deus personalizado, onipotente e onipresente. Ao mesmo tempo, o esforço especulativo de imaginar o desenvolvimento histórico da consciência histórica nos permite refletir sobre contextos, mecanismos e estratégias de pensamento que deram suas feições no passado e na atualidade.

No *modo de sentido tradicional* a consciência histórica dá atenção prioritária à recordação das origens das atuais formas de organização de nossa vida. Sua orientação da vida prática

---

[8] Veja-se, principalmente, o capítulo 1 do livro *Uma teoria da história* (Heller, 1993), já citado.

é dada pelos pontos de vista tradicionais, preservados desde o passado, e a identidade é dada pela capacidade de imitar ou emular as definições culturais preexistentes das formas de convivência. O tempo se projeta de forma eterna. Rüsen sugere que os discursos feitos nas comemorações são um exemplo cotidiano, na sociedade moderna, do tipo de significação tradicional da consciência. Nela, as origens são postas como uma obrigação para com o futuro. O conteúdo da tradição, nesse caso, é tomado como um dado natural e certo, sobre o qual não existe ou não cabe reflexão ou questionamento. Somos de opinião que as religiões tradicionais, sejam elas assumidas de modo fundamentalista, sejam apenas assumidas num viés não modernizado em sua essência (embora às vezes modernizado nos seus aspectos estéticos), compõem e oferecem um modo de entender e vivenciar o tempo que exemplifica o modo tradicional. Neste, o componente central é uma representação única de passado (ligada a uma percepção de um tempo linear, homogêneo e já preenchido no futuro pela palavra divina ou o que o valha), que produz orientações unívocas e incontestes para a vida.

No *modo de sentido exemplar*, a consciência histórica apresenta o passado como um conjunto de exemplos, cuja função é reforçar as regras gerais de conduta predominantes em uma dada sociedade. A articulação entre passado, presente e futuro se dá em função da contínua validade dessas regras. No passado são encontrados os modelos a aderir de modo a dominar o presente e estabelecer o futuro. No modo de sentido exemplar, a consciência histórica abrange um campo de experiência bem mais amplo do que aquele no qual a história é ativa como tradição, e se pode abrir a mais experiências históricas; a regulação da vida pode estar baseada em regras mais abstratas, e não nas vinculadas a uma única origem.

No *modo crítico de geração* de sentido a consciência histórica procura estabelecer, ao lado dos padrões históricos dominantes, espaço para perspectivas novas e diferentes da prática atual. A história é tomada como um contraponto que tem condições para colocar em crise as normas do presente. São buscadas as rupturas e contradições na tradição, em busca de destruir as suas relações dominantes nas três dimensões do tempo. A identidade está na capacidade de negar os padrões estabelecidos de significação. Através dessa expressão da consciência histórica, o tempo é submetido ao julgamento humano e à capacidade de construir contra-história, que procura reverter a cultura histórica dominante. Na atualidade, por exemplo, essa "contra-história" foi cultivada pelo feminismo, que buscou uma nova identidade de gênero criando uma identidade feminina diferente daquela em que as mulheres haviam sido mantidas nas formas dominantes de geração de sentido histórico até então.

No modo genético de sentido histórico surge, de maneira decisiva, o aspecto da passagem do tempo na vida humana. O passado é apresentado através das operações da consciência histórica em forma de uma sequência processual na qual mudanças são decisivas para a compreensão da realidade. As três dimensões do tempo são tomadas de forma dinâmica, na qual a capacidade de um modo de vida mudar é condição necessária para que ele dure. A comunicação é caracterizada pela diversidade de pontos de vista, que trazem perspectivas temporais distintas. Capazes de reconhecimento mútuo, os diversos pontos de vista podem ser integrados em um todo abrangente. A vida é orientada de acordo com a perspectiva de mudança em suas próprias relações e em direção ao futuro, pela possibilidade de exceder as oportunidades que havia no passado. A identidade histórica é dada através do próprio processo de mudança. Essa forma aproxima-se bastante do pressuposto da primazia do diálogo em Paulo Freire, ou da razão comunicativa em Habermas. Essa é a forma dominante das sociedades modernas, pelo menos no que se refere ao campo do discurso intelectual.

Modos de produção de sentido histórico

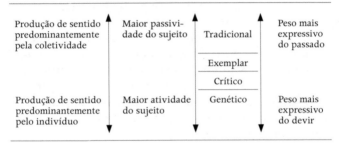

Por fim, é importante destacar que Rüsen (2001b:12) desautoriza a ideia de que essas formas sejam tomadas como etapas do desenvolvimento:

> Porque os quatro tipos de significação demonstram uma complexidade crescente na sequência de suas representações, alguém pode ficar tentado em interpretá-las, na lógica do desenvolvimento, como estágios da consciência histórica. Entretanto, a tipologia delineada lida com tipos "ideais", em outras palavras, como um construto teórico, que significa que a lógica afetando a significação histórica do fenômeno empírico da consciência histórica pode ser tornada aparente, e essa lógica é ainda uma (mais ou menos complexa) combinação dos quatro elementos. Os tipos são assim raramente empiricamente

puros; eles são uma ajuda conceitual para a reconstrução mental de uma realidade empírica complexa. Nesse caso elas apenas forneceram uma função heurística em um primeiro plano de nossa pesquisa empírica e depois foram para o segundo plano nos fundamentos metodológicos para atribuição individual e articulação corretiva da consciência histórica.

O que as pesquisas atuais no campo da consciência histórica têm demonstrado é que os tipos ou formas de geração de sentido não correspondem a consciências históricas típicas de pessoas, mas a recursos, estratégias e paixões dos indivíduos no complexo ato de dar sentido ao tempo e à identidade, própria e dos outros. Assim, o que diferencia os indivíduos não é a sua consciência histórica, mas as diferentes conformações e lógicas de articulação entre os modos de geração de sentido. Esse dado impõe consequências para o ensino da história considerando o conceito de consciência histórica, como veremos no capítulo seguinte.

Capítulo 3

Consequências para a prática do profissional de história

Por muitas décadas, e atravessando os séculos XIX, XX e XXI, a função do ensino de história vem sendo a produção e reprodução da identidade nacional. Com suas origens no século XIX, o ensino de história que conhecemos se vincula a um contexto de expansão da educação pública para o conjunto da população (juntamente com os avanços do sufrágio universal e a consolidação das nações baseadas na soberania popular, e não mais na soberania monárquica).

Um típico produto liberal e iluminista, o ensino de história é marcado até hoje por suas origens. Não por acaso, os políticos, jornalistas e outras pessoas vinculadas à discussão política no espaço público são os primeiros a fazer soar o alarme quando as pesquisas demonstram o desconhecimento de fatos, datas e personagens da história nacional por parte dos alunos. Não é incomum que os repórteres saiam a campo fazendo enquetes, em datas cívicas especiais, apenas para constatar que as pessoas nas ruas não sabem o motivo do feriado. Trata-se do mesmo tipo de escândalo que causa o fato de, mesmo no Brasil, onde as palavras do hino são de um rebuscamento e complexidade completamente elitistas, as pessoas comuns – e os jogadores de futebol – não saberem cantar corretamente o Hino Nacional. Ou seja, trata-se de um "escândalo cívico" no qual as bases da nossa comunidade política parecem estar começando a se desfazer. A reação de muitas professoras primárias é reforçar a "hora cívica" semanal, porque, sem saber quem são os próceres, quais são as datas cívicas que devemos guardar e, finalmente, as orações cívicas cantadas, ou seja, os hinos, parece ser impossível termos um cidadão brasileiro.

Esses exemplos ratificam a ideia de que, socialmente, espera-se que o ensino de história contribua de modo decisivo para a formação do cidadão em nossas sociedades, cimentando-o ao espírito público, ao amor pelo país, aos interesses coletivos, por meio da vinculação de todos a um passado comum.

O trabalho nacionalizador do ensino de história, todavia, passou a sofrer sucessivas mudanças. O canadense Christian Laville, por exemplo, em artigo publicado na *Revista Brasileira de História* (Laville, 1999), aponta a mudança na trajetória do ensino de história nos países desenvolvidos:

> Nos países ocidentais, o fim da Segunda Guerra Mundial foi o marco de uma etapa importante. O resultado da guerra foi percebido como a vitória da democracia, uma democracia cujo princípio não se discutia mais a partir de então, mas que precisava agora funcionar bem, ou seja, com a participação dos cidadãos, como manda o princípio democrático. A ideia de "cidadão participante" começou a substituir a de "cidadão-súdito". O ensino da história não deixou de ganhar com isso. Ao contrário, viu a função de educação para a cidadania democrática substituir sua função anterior de instrução nacional.

Laville generaliza os países ocidentais, mas a maior parte da América Latina tem trajetórias distintas. Não é totalmente correto dizer, nesses países, que o ensino de história esteve a serviço da educação para a vivência e a prática da democracia após a II Guerra Mundial. Nossas experiências políticas foram diferentes entre si, mas com muitos traços semelhantes, sobretudo entre os anos 1960 e 80, em que o continente caiu, quase todo, sob o pesado domínio das ditaduras militares. Nelas, o civismo e o ensino de história continuavam a serviço daquela instrução nacional, e a escola, por sua vez, tinha incluída em sua missão a tarefa de reproduzir o consenso fabricado da associação dos interesses nacionais com o governo militar, e toda oposição a eles com um crime de lesa-pátria. Mas, no Brasil, essas imagens passaram a perder força ainda nos anos 1970, e já nos anos 1980 a Igreja Católica, as universidades e as escolas eram espaços importantes de resistência ao regime. Os anos 1980 e boa parte da década de 1990 foram marcados por tentativas, dos professores e intelectuais preocupados com o ensino de história, de formulação de propostas que congregassem a nova identidade a formar junto aos alunos: nacional, mas também socialmente crítica, revisando a história dos vencedores e abrindo espaço para outras histórias, como a dos vencidos; tentando trazer o homem e a mulher comuns para a sala de aula e convencê-los do protagonismo essencial do povo nos processos históricos. Foi o tempo das propostas oficiais de cunho marxista, ou inspiradas na *nouvelle histoire*. Para muitos esse foi um período em que o ensino em geral, e com o ele o ensino de história, estava em franco declínio, e a aprendizagem entrava em condições de verdadeira indigência. Sobretudo nas escolas secundárias, as aulas de história com vigor cívico/nacionalista e as comemorações cívicas tradicionais escasseavam. A ojeriza à educação da época do regime militar, sua estética e sua mensagem parecem ter criado uma indisposição com qualquer atitude voltada à educação cívica. Por isso, a formação da identidade nacional pode se ter deslocado para outros espaços, para os meios de comunicação de massa, para os jogos de futebol, para alguns lares, ou para parte alguma.

No caso brasileiro a onda das posturas neoliberais assumidas pelo Estado demorou até o início dos anos 1990 para fazer sentir seus efeitos, e ainda assim com o refluxo que foi a renúncia/impedimento do presidente Collor. Pode-se dizer que a política pública federal, sistematicamente orientada pela visão neoliberal, teve lugar com a eleição do presidente Fernando Henrique Cardoso, a partir de 1995. A conjunção desses fatores – a predominância do pensamento neoliberal e do consenso de Washington, a força da tese do fim da história, de Francis Fukuyama, o maremoto da globalização sobre a vida das pessoas (mais fortemente sentida pelo desemprego com o fim das barreiras protecionistas da indústria e do comércio nacional), os efeitos da queda do socialismo como alternativa global de sociedade – constituiu o contexto da crise do ensino de história no Cone Sul.

Ensinar história para quê, afinal?

Essa crise vincula-se ao problema da identidade. Embora nossos países não tenham vivido ainda as promessas da modernidade, já vivemos as vantagens e as agruras dos efeitos das teses da pós-modernidade. O quadro da pós-modernidade é marcado pelas identidades fluidas, pela constante mudança de ordem dos fatores de pertencimento no quadro hierarquizado que compomos ao responder à pergunta: "Quem sou?"

O sujeito pós-moderno, segundo Stuart Hall, é marcado pela fluidez e interpenetração entre diversos pertencimentos e condições, o que nubla a identidade coletiva, cada vez mais fragmentada. O político tende a ser cada vez mais pessoal, e o espaço público se esvazia como campo da definição dos destinos. As lutas sociais são cada vez menos por transformação global da sociedade, e cada vez mais pela resolução de questões pessoais que não afetam decisivamente a estrutura social: a defesa dos interesses de minorias étnicas e sexuais, o feminismo, a cultura de paz. Mesmo o famoso Movimento dos Sem-Terra, saudado pela esquerda como saída para o marasmo das lutas populares, tem por efeito principal, quando bem-sucedido em suas jornadas, multiplicar a quantidade de pequenos proprietários rurais, que ganham o direito de frequentar o mercado capitalista de cabeça erguida.

Que papel pode ter a aprendizagem escolar da história neste momento? Como formar autenticamente a identidade do aluno, na ausência de uma identidade global, sobreposta a todas as outras, como era o caso da identidade nacional? Claro que o nacionalismo continua tendo o seu papel, mas, no presente momento, ele é temperado por outros clamores identitários, e o bom cidadão não é aquele que apoia o governo, entendendo-o como encarnação da nacionalidade. Pelo contrário, ir contra governos não raro é um ato de civismo! Mas como formar esse civismo diante da necessidade acadêmica de ensinar também as mazelas e dilacerações da história nacional? Como assumir a identidade nacional, como amar o país ao mesmo tempo que se compreende todo o drama, as desonestidades e as violências que estão presentes até hoje, ainda que enterradas junto com seus alicerces? Como é que se aprende a amar a nação e, ao mesmo tempo, ser atento, questionador, portador da dúvida e da desconfiança que formam o senso crítico? Como confiar na "comunidade de destino" (nos dizeres de Otto Bauer sobre a nação) desconfiando de modo a tomar a distância mínima para ser capaz de contínuas análises críticas?

Do ponto de vista da consciência histórica, essas questões são naturais. Em primeiro lugar, porque recolocam o ensino escolar de história na sua dimensão real. Carretero (2007), se deparou com os ruídos entre o que se espera oficialmente e o que efetivamente faz o ensino escolar de história. O livro parte da ideia fundamental da distância e convivência conflitiva entre história escolar e história como disciplina que busca alcançar o conhecimento científico do passado. Esta última vem do paradigma racionalista ilustrado, aspira a verdades assépticas, sem carga moral. Na escola, pelo contrário, dominaria a dimensão afetiva, missão de construir identidade, com o que estaria a negar e hostilizar os "outros", que não participam da narrativa canônica sobre a nação no tempo. Em Carretero, a possibilidade de conciliar essas histórias (escolar e científica) é escassa ou nula, e quem ganha a batalha pela opinião popular é a história escolar. A racionalidade da história científica não é capaz de gerar identidades e identificações, de acordo com o autor. Nesse quadro estamos paralisados num atoleiro, e a obra de Carretero é tentativa de entender esse fenômeno e sair desse atoleiro/encruzilhada do ensino de história. Para esse autor, o ensino de história foi, e em parte continua sendo, memória histórica; faz, assim, o trabalho da memória, e não o da racionalização. Isso em parte se deve ao surgimento da disciplina, ligada à crise de identidade da modernização no século XIX, a qual é resolvida com saída

Ensino de história e consciência histórica

romântica e nacionalista de que a história escolar participa. Entretanto, o panorama dos conflitos surgidos nos últimos anos em relação ao ensino de história sustenta que há uma tensão entre razão crítica e emotividade identitária.

O contexto dessa discussão é a recolocação das identidades políticas e subjetivas em escala planetária, diante do quadro de mundialização de todos os aspectos da vida. Essa discussão se desenrola em dois polos opostos na atualidade: o humanismo crítico (em busca de uma identidade pós-nacional, no estilo da discussão proposta por J. Habermas) e o romantismo de perspectiva nacionalista.

Países que recentemente saíram do socialismo, como vimos, têm uma experiência particular no que se refere ao conteúdo e ao sentido de sua educação histórica escolar. Os casos da Estônia e da antiga Alemanha Oriental são estudados como exemplos da convivência de uma história de viés humanista e internacionalista – a história oficial, pró-soviética – que se desmancha muito antes do fim da União Soviética; afinal o seu discurso chocava-se com a prática imperialista de Moscou. Subjacente a ela manteve-se – e depois chegou ao poder – uma subversão da história oficial, de caráter nacionalista. Essa subversão, cultivada em caráter privado, é dada à luz com a estruturação de governos pós-socialistas. Nos Estados Unidos da América, a busca neoconservadora por excelência na aprendizagem histórica nas escolas abre o debate dos *national standards*. Todavia, a configuração final dessas orientações curriculares oficiais – resultantes de amplo e democrático debate – abre-se a uma perspectiva multicultural e questionadora dos Estados Unidos como nação branca e cristã, o que levará neoconservadores do governo de Bush pai a desestimular (!) a utilização dos *standards* oficiais.

Por um lado a história na escola teria perdido seu poder de persuasão diante da concorrência de tantos outros recursos que disputam a formação da identidade dos indivíduos. Por outro, ela continua sendo, em diversas partes do mundo, um item fundamental do debate político. Podemos concluir em dois sentidos opostos: ou o debate público está mal-assessorado, e discute sobre a história ensinada quando ela pouca coisa pode promover entre os educandos, ou a ideia de que a história não tem mais um papel significativo na formação de identidades político-territoriais precisa ser olhada com mais cuidado antes de ser dada como certa.

O conceito de consciência histórica entende que a interpretação do próprio indivíduo e da coletividade no tempo começa a ser formada muito antes da escolarização das crianças. Estas chegam às escolas, por exemplo, com preconceitos raciais já arraigados, de modo que é muito mais fácil que a educação humanista e igualitária seja mais um verniz que uma convicção dos futuros adultos educados. Podemos concordar que a história escolar tem uma função de orientação no tempo, mas ela não está sozinha nesse papel: ao existir, ao decidir, ao agir todo ser humano necessita constituir e colocar em funcionamento sua consciência histórica. Não se espera pela escola para ter orientação temporal.

Estará o ensino de história nas escolas condenado, então, à nulidade? Longe disso. No que se refere à identidade social, sua função – de interesse público – é prevenir a formação de identidades não razoáveis. No que se refere à contribuição para a vida do sujeito, sua função é alargar horizontes e permitir a ascensão de formas mais complexas de pensamento, além de preparar para a "autodefesa intelectual" (essa expressão é de Noam Chomsky), ou seja, ajudar no sentido

Ensino de história e consciência histórica 113

de que o cidadão não seja suscetível a manipulações que o subjuguem a interesses alheios. Além disso, deve contribuir para que os futuros cidadãos não fiquem presos no "presente contínuo", que acabará por ter características entrópicas ou destrutivas para a sociedade. Nesse conjunto de tarefas, o ensino de história participa do trabalho socializador da escola, tirando o sujeito do egocentrismo e introduzindo-o na vida pública, com o que nos confrontamos com o individualismo e o esvaziamento do espaço público que vivenciamos.

O que seriam as identidades não razoáveis a prevenir? A terminologia trai o pressuposto racionalista desse programa: trata-se de um ponto de vista racionalista. Mas não se trata de um racionalismo cartesiano, em que a verdade está em algum lugar somente, e não está em outros, e nem um racionalismo relativista, em que a verdade, por estar com todos, não existe. Tratamos de uma razão comunicativa ou dialógica, que não é absoluta nem relativa, mas relacional, ou seja, a verdade se constitui no diálogo entre os sujeitos e nos consensos mínimos que é possível ir construindo, respeitando ao máximo as diferenças e, ao mesmo tempo, evitando as indiferenças em relação à coletividade – a coletividade é uma tarefa comum que transcende a tolerância e demanda trabalho comum: assumir a responsabilidade pelos outros como forma de construir proteção para si mesmo.

Uma identidade cegamente nacionalista – por exemplo, que vincula nação com o sangue, com a natureza, com o chão, com a etnia – ou religiosamente fundamentalista – que submete tudo a um destino sagrado apresentado por uma divindade – não é uma identidade razoável. Baseia-se em elementos não racionais, míticos ou místicos, com a verdade apresada e subjugada a um só grupo em uma sociedade ou região. Também não será racional uma identidade cientificista, que tenha fé cega na ciência como resolução objetiva de todos os problemas humanos, que acaba por desconsiderar as pessoas como sujeitos de seus problemas e soluções. Essa perspectiva hoje tem tomado a forma da tecnologia como ideologia, ou seja, a crença de que o progresso científico ou tecnológico nos redimirá. Pelos exemplos, podemos perceber que não é razoável uma identidade que se apropria da verdade, pois é potencialmente autoritária ou destrutiva, já que tem por princípio que as outras identidades não são verdadeiras. Erigir a própria posição em verdade, ou mesmo em dogma, é contrário à razão, cuja definição pode muito bem ser o princípio de que o melhor argumento vale, e que, como o conhecimento avança, as posições são válidas enquanto não forem superadas por argumentos melhores.

São razoáveis as identidades que se sustentam na força de seus argumentos principais, mas não negam a possibilidade de que eles sejam refutados em algum momento. A possibilidade de que os próprios argumentos venham a ser vencidos significa que eles podem ser postos à prova, podem ser discutidos e, portanto, trata-se de uma razão sustentada no diálogo. Identidades não razoáveis são potencialmente destrutivas e desprezam, em maior ou menor grau, o outro, a democracia e, em última instância, a integridade física e a vida. As identidades nacionais podem ser assassinas, e de certa forma foi para isso que elas serviram: para produzir motivos para matar os inimigos nas guerras. Mas não é somente de guerras que vive uma nação, e por isso as identidades nacionais não são apenas, e nem todo o tempo, assassinas, embora essa possibilidade esteja sempre lá, guardada.

Em sociedades que ainda não resolveram suas questões fundamentais de distribuição de renda, adesão consciente dos cidadãos a um projeto minimamente consensual de nação para o futuro imediato e o mais distante, o ensino da história contribui para a manutenção mínima da coesão social se consegue dialogar com as ideias tácitas da população da qual o aluno vem. Em sociedades, entretanto, nas quais aquelas questões fundamentais encontram-se resolvidas, ou pelo menos equacionadas, bem como em setores mais bem aquinhoados de sociedades desiguais, os novos desafios que se colocam são apatia, despolitização, individualismo, indiferença. Essas atitudes decorrem de identidades não razoáveis, que o ensino de história – em tese – combate no processo contemporâneo de formação dos cidadãos. Mais que propostas autoritárias e racistas, esses fenômenos começam a corroer democracias consolidadas, demandando um novo papel para a escola e para o ensino de história. Este já poderá considerar a maior parte da sua missão cumprida se, com seus dados e argumentos, conseguir que os sujeitos apercebam-se de que suas posições são fundamentadas em argumentos e crenças, e assim disponham-se a conversar sobre elas fraternalmente. Por isso a ideia de que temos que ensinar uma determinada quantidade de conteúdos, sem os quais o potencial cognitivo e o espírito cívico dos nossos alunos ficará irremediavelmente manco ou paralítico, é um tanto quanto contraproducente.

A "academia de artes marciais do pensamento" na qual a história participa com seu estilo específico de combate, liga-se às tarefas de instrumentalização cognitiva do aluno com os saberes e fazeres típicos da história. A metodologia da história consiste essencialmente em saber o que aconteceu e em que nos baseamos para conhecer esses fatos. O historiador procura certificar-se de quem produziu a informação, quando isso aconteceu e quais eram as possibilidades de que as coisas tivessem acontecido de outra forma. O método histórico esquadrinha os sujeitos, suas ligações sociais, suas intenções e interesses em jogo, para entender a informação que cada um deles traz, e, assim, dimensioná-la corretamente e relativizá-la. Se o nosso aluno puder fazer isso e identificar pessoas e interesses por trás de reportagens, processos históricos, ações governamentais, a história terá cumprido outra de suas funções educativas.

Retirar os jovens do presente contínuo é abrir as portas para a sensibilidade em relação ao passado e à compreensão da dinâmica do tempo. Trata-se da competência de experiência, como se viu anteriormente, que integra a competência narrativa. Conhecer as surpresas, as mudanças imprevistas do desenrolar dos acontecimentos abre as portas da inteligência à possibilidade histórica. Viver apenas o presente tende a reproduzir a condição atual – com todas as suas mazelas – pela ausência de sujeitos interessados em tentar fazer as coisas de outra forma.

Mas não podemos ter a ilusão de que o ensino de história dará conta de tudo isso. Sua verdadeira dimensão não é nem a demiurgia social nem a inutilidade, mas um espaço de diálogo e possibilidade. Não compete ao trabalho da história na escola formar a consciência histórica dos alunos – eles já chegam com suas consciências formadas em seus traços fundamentais –, mas possibilitar o debate, a negociação e a abertura para a ampliação e complexificação das formas de atribuir sentido ao tempo que os alunos trazem com eles.

Não é demais insistir que conscientizar não é doar (ou impor) consciência a quem não a tem, mas um processo de diálogo entre formas distintas de geração de sentido para o tempo. Dentro dessa condição dialógica, podemos avançar um pouco

Ensino de história e consciência histórica

mais na especificidade da aprendizagem histórica. A história na escola acumula a função de colaborar para que os sentidos das narrativas – no passado e no presente – sejam estabelecidos e discutidos.

E o que fazer com esses sentidos? Da mesma forma que não basta conhecer letras, sílabas e palavras para ter letramento em relação aos códigos linguísticos (ou seja, sair da condição de analfabeto funcional), saber história não basta para que esse conhecimento seja útil à vida dos aprendizes. A utilidade da história se dá pela consciência de como os acontecimentos que narramos ganham sentido, e de como o conhecimento deles nos ajuda a nos orientar no tempo, articulando as nossas decisões com nossa experiência pessoal ou aprendida dos livros sobre o passado, e por fim com as nossas expectativas individuais e coletivas. De uma forma nova, crítica e complexa, a história tem condições de reassumir a condição de mestra da vida. Se o ensino de história não leva a isso, não se completou o processo educativo de letramento histórico, ou seja, o conhecimento não voltou à vida prática.

Com base na obra de Thomas Kuhn e na ideia de paradigma científico, Rüsen propõe uma matriz disciplinar para a história que seja capaz de contemplar a articulação efetiva entre o conhecimento e a ação, entre a ciência especializada e o uso cotidiano da história pelas pessoas. A história, nas sociedades contemporâneas, existe porque algumas pessoas, que vivem a vida cotidiana de todo mundo, tornam-se historiadoras em seu trabalho. Esse nexo é fundamental, pois a consciência histórica faz com que a orientação temporal seja um fenômeno comum a todos. A metodização desse fenômeno comum é que permite a existência da história, que, portanto, não é (ou não deveria ser tratada como) um assunto esotérico, só para iniciados, mesmo porque seus mecanismos essenciais são de amplo uso comum. Se é assim, uma consequência imediata é que história se discute, não se impõe como saber de especialista, como "discurso competente" de historiador. Decorrem dessa concepção da matriz disciplinar da história, portanto, as bases para uma perspectiva dialógica no ensino de história e nas ações de vulgarização[9] científica.

Segundo Rüsen, a relação entre a disciplina científica da história e a vida prática é intrínseca, e ocorre segundo um ciclo de demandas e respostas que atravessam os campos da vida prática e da ciência especializada. As carências de orientação da prática humana no tempo compõem o fundamento da matriz disciplinar da história; são, assim, seu primeiro fator constituinte. Essas carências articulam-se na forma de interesse cognitivo pelo passado, na construção de respostas aceitáveis para as questões identitárias fundamentais, como "quem somos nós", "qual a origem do nosso grupo", "quem são os 'outros' que não partilham de nossa identidade". Essas carências se transformam em interesses precisos no conhecimento histórico, em reflexão específica sobre o passado e trabalho para conhecê-lo o suficiente para suprir tais interesses. Essa reflexão, entretanto, não ocorre sem determinados critérios de sentido, que são requeridos para a orientação no tempo. Interesses e ideias são fundamentos de todo pensamento histórico, mas não bastam para constituir a especificidade científica dele: sem as fontes não se pode reconstituir um passado que

---

[9] O termo "vulgarização" sofre a influência de toda uma carga de preconceito social, pela origem aristocrática do termo "vulgar", usada para distinguir a nobreza da plebe. "Vulgar" acumulou o sentido de algo de mau gosto, baixo, inferior, mas, na verdade, apelamos aqui para o sentido estrito da palavra, ou seja, algo referente ao povo, à multidão.

faça sentido como história, e é quando se fazem efetivos na experiência concreta do passado que possibilitam a base de "história" como conhecimento científico. Na matriz disciplinar de Rüsen, esse é o fator *métodos*, ou seja, as regras que orientam a pesquisa empírica e que permitem que a produção do conhecimento não seja arbitrária ou moldada impunemente, exclusivamente de acordo com os interesses e ideias (embora estes continuem presentes no resultado de toda essa operação).

O quarto fator dos fundamentos da ciência da história nos permite vislumbrar mais claramente o papel do ensino (compreendido como o trabalho da disciplina escolar, mas também como todo o conjunto de práticas, espaços, materiais e mídias que envolvem o conhecimento histórico) na matriz disciplinar da história. Esse fator é composto pelas formas de apresentação do conhecimento obtido na pesquisa empírica, que tem um grau de importância tão grande quanto o dos métodos da pesquisa. Ao apresentar-se, o conhecimento histórico remete às carências de orientação que o originaram. Evidentemente, esse ciclo "gira" diversas vezes, porque as carências se modificam o tempo todo, e um dos fatores dessas mudanças nas carências de orientação é o próprio acúmulo de conhecimentos que atendeu a carências anteriores.

Quando tomamos a matriz disciplinar da história em consideração, não só fica fácil explicar qual pode ser o resultado prático de seu ensino na vida dos alunos, como fica difícil compreender que uma disciplina tão fundamental não tenha pelo menos a mesma dimensão, no currículo escolar, de disciplinas instrumentais, como a língua materna e a matemática (além de delinearmos melhor a inconformidade com a falta de espaço e interesse nos estudos sobre ensino de história dentro de muitos departamentos universitários voltados a esse campo do conhecimento). A disciplina de história na escola é socialmente planejada (como elemento de um conjunto de conhecimentos e atitudes que as gerações precedentes e a atual pretendem transmitir à geração em formação) para interferir positivamente na formação da consciência histórica, a qual está intimamente relacionada à questão dos valores e dos modelos de ação. A consciência histórica é pré-requisito que faz a mediação entre a moral, a nossa ação, nossa personalidade e nossas orientações valorativas (Rüsen, 1992).

Voltamos a insistir que, diferentemente do que se imagina no senso comum, influenciado por séculos de uma visão histórica tradicional, limitada e conservadora, a história não é o estudo do passado, nem como ciência nem como ensino. A história é um nexo significativo entre passado, presente e futuro, não apenas uma perspectiva do que aconteceu, não o levantamento do que "realmente aconteceu". Conforme Rüsen, esse nexo envolve a produção dos posicionamentos morais:

> [a história] é uma tradução do passado ao presente, uma interpretação da realidade passada via uma concepção da mudança temporal que abarca o passado, o presente e a expectativa de acontecimentos futuros. Essa concepção amolda os valores morais a um "corpo temporal" (por exemplo, o corpo da validade contínua de um antigo tratado); a história reveste os valores de experiência temporal. A consciência histórica transforma os valores morais em totalidade temporais: tradições, conceitos de desenvolvimento ou outras formas de compreensão do tempo. Os valores e as experiências estão mediatizados e sintetizados em tais concepções de mudança temporal. [...] A consciência histórica amalgama "ser" e "dever" em uma narrativa significante que refere acontecimentos passados com o objetivo de

Ensino de história e consciência histórica

fazer inteligível o presente, e conferir uma perspectiva futura a essa atividade atual. Desta forma, a consciência histórica faz uma contribuição essencial à consciência ética moral.

(Rüsen, 1992:29)[10]

A aprendizagem escolar da história é, sobretudo, aprendizagem da identidade coletiva mais ampla; daí o apelo – a demanda constante que atravessa os séculos – ao ensino da história para a formação do cidadão, que é a identidade política central da modernidade, na qual as relações entre os diferentes são organizadas com base nos Estados nacionais. Por mais que questionemos, na atualidade, a educação cívica do passado, a pedagogia da nação através de uma pedagogia da passividade e da obediência, e outros usos do conhecimento histórico para controle e não para emancipação social, não se pode fugir à necessidade de educação cívica, porque sem ela não há Estado. Isso independe do nome que dermos a ela (como, por exemplo, "formação para a cidadania", tão em voga atualmente).

Identidade e cidadania são, hoje multidimensionais. Fatores como etnia, gênero, opção sexual, religião e regionalismo interferem fortemente na constituição da identidade dos indivíduos e alternam-se, juntamente com a identidade política ou cidadania, no topo da hierarquia variável de pertencimentos que caracterizam o sujeito pós-moderno. Nesse sentido, o ensino de história hoje está colocado diante do desafio de trabalhar as identidades para além de seu objetivo inicial, que era a formação da cidadania, objetivo este também controverso desde o início, visto que a concepção de cidadania não é consensual.

---

[10] Tradução nossa.

Pode-se dizer, considerando a perspectiva da didática da história – que se renova com o conceito de consciência histórica –, que valor educativo principal da história é a formação da competência narrativa, que se subdivide em três categorias.

A primeira categoria da competência narrativa é a *competência de experiência*, que se refere a aprender a olhar o passado e resgatar sua qualidade temporal, diferenciando-o do presente e do futuro. Identificar o passado como tal, e sentir que é possível conhecê-lo melhor, integrando essa reflexão à própria vida de modo significativo é o que define essa competência. Progressivamente, o sujeito vai entendendo e incorporando a dimensão, a profundidade e a extensão do passado, sua especificidade, nossa incapacidade de mudá-lo, mas a possibilidade de interpretá-lo e narrá-lo de outras formas. Essa competência é central, porque sem ela tende-se a imaginar o tempo como uma continuidade infinita do presente. Com isso, a consciência histórica do sujeito acaba aparelhada com noção mínima da historicidade do próprio tempo. Embora não seja possível imaginar, na prática, um tipo ideal de uma consciência de história desprovida completamente da consideração efetiva do passado (porque o conhecimento do passado é inevitável), pode-se constatar, na atualidade, um comportamento cujas ações desenvolvem-se como se não houvesse passado ou futuro.

A segunda subdivisão da competência narrativa é chamada por Rüsen de *competência de interpretação*. Consiste na capacidade de desenvolver e aprimorar constantemente uma "filosofia da história", uma concepção e uma atribuição de significado ao todo temporal. Em outras palavras, é a definição de um sistema – grupal, mas com fortes toques pessoais – de significações através do qual o sujeito perceba o sentido (ou os sentidos) da história, de modo a poder julgar os eventos do passado. Por mais que, na escola, evitemos fornecer sentidos fechados sobre os processos históricos, é isso o que as pessoas procuram ao buscar o conhecimento histórico, e é isso o que tendem a construir com base nele. Tal fato só será um problema se esses sistemas de significação do tempo forem completamente fechados a mudanças, reavaliações e críticas, de forma que a competência de interpretação acabará dogmática e inflexível, sem utilidade para o desenvolvimento da pessoa e da sociedade.

Por fim, a competência narrativa é composta também pela *competência de orientação*. Essa competência também poderia ser chamada de "letramento histórico", em uma comparação com a ideia de letramento para a língua nacional e o conceito de alfabetismo funcional: não basta dominar a leitura e a escrita; é preciso conseguir usar essas competências para entender as instruções de um manual ou deixar um bilhete compreensível para alguém. Não basta conhecer fatos e processos históricos; é preciso ter capacidade de interpretar o tempo e usar esse conhecimento para a própria vida, agindo em conformidade com os próprios princípios e objetivos.

A competência de orientação consiste na capacidade de utilizar os conhecimentos e análises históricas adquiridos e organizados para estabelecer um curso de ação pessoal, o que inclui tanto um projeto pessoal de futuro quanto o engajamento consciente em projetos coletivos, ou até mesmo a completa negação dos mesmos. Nesse sentido, de nada adianta o aluno aprender tudo sobre a Guerra Mundial enquanto não consegue aprender ou aplicar nada do que aprendeu para entender por que o seu bairro, sua família ou ele mesmo são vítimas de fenômenos como o desemprego estrutural, a discriminação ou o alcoolismo, e o que é possível fazer quanto a isso. A história, que afinal deveria fornecer reflexões e respostas elaboradas – ainda que provisórias – sobre a historicidade desses temas cruciais para a vida do aluno, incluindo-os em grandes quadros que permitem entender seus fundamentos, vinculações e consequências, acaba por oferecer somente respostas mais ou menos sofisticadas sobre Napoleão Bonaparte ou sobre os combates das guerras do século XX. Embora esses temas sejam importantes, não devem suplantar a necessidade de compreender o mundo imediato do aluno (Rüsen, 1992).

Fica claro então que o conceito de consciência histórica exige uma revisão dos conteúdos e da programação do ensino de história. Uma tábua de conteúdos que é homogênea para todas as cidades, estados e para o país ignora as carências de orientação temporal que podem ser distintas em cada escola ou sala de aula e, portanto, não considera o conceito de consciência histórica e suas implicações para os currículos e práticas educativas.

Consciência histórica e o problema dos conteúdos

As discussões sobre o papel da história ensinada a partir dos conceitos de consciência histórica e competência narrativa estão intimamente relacionadas ao debate sobre o que estudar em história, quais conteúdos, que é um dos debates centrais quanto aos currículos escolares. Como argumentamos acima, o ponto de partida para o estudo disciplinar da história é a experiência vivida, de modo que uma coisa não seja o oposto (e o adversário) da outra. É enganoso, todavia, pensar que a história ensinada pode reduzir-se apenas ao estudo dos fatores imediatos que formam o cotidiano do aluno, embora isso seja absolutamente indispensável para a sua emancipação. O concurso dos conteúdos "distantes", num segundo momento, não pode ser dispensado, para que a função educativa da história possa ser devidamente cumprida. Sem esses temas, perdem-se no horizonte as ideias centrais de alteridade e diversidade, e sem eles não é possível a crítica de nossa própria sociedade, e a ideia de utopia, que se constrói sobre o não presente, o não cotidiano, e que é importante na definição de cursos de ação e projetos, sobretudo os projetos coletivos.

As reformas educacionais que foram implantadas com diferentes ritmos e intensidades nos países da América do Sul nos anos 1990 eram portadoras de vários problemas e itens discutíveis. No Brasil essas propostas, com forte influência de educadores espanhóis, estiveram na base dos parâmetros curriculares nacionais, que de certa forma equivalem aos *contenidos básicos comunes* da Argentina.[11] Um dos problemas centrais das propostas de temas transversais e conteúdos procedimentais, por exemplo, é o argumento, de tom liberal ou neoliberal, de que o povo precisa de uma educação para o trabalho, para a resolução dos seus problemas imediatos, principalmente. A questão é que, efetivamente, nem para a formação do cidadão para suas tarefas imediatas nós podemos dispensar o conhecimento do distante e do "exótico", uma vez que a cidadania só compõe seus elementos fundamentais a partir de conhecimentos sobre as formas de vida e de organização de povos diferentes e distantes, no tempo e no espaço, bem como de saberes sobre o que poderia ter sido, além daquilo que foi. Segundo

---

[11]Para uma perspectiva sobre essa reforma na Argentina no campo do ensino de história, ver Amézola (2008:109 e segs.).

Patrice Canivez, no instigante livro *Educar o cidadão?*, há uma cultura de conhecimento do outro que é fundamental para o conhecimento de si mesmo e o exercício da tolerância, que se adquire em grande parte com o saber histórico.

A contribuição da história na escola não é só a compreensão da própria realidade e a formação da identidade, mas também a concepção e compreensão da diferença, da alteridade – tanto para ensinar a convivência nas sociedades que hoje são, na maioria, multiculturais, quanto para ensinar a julgar o próprio sistema político e social em que se vive (sem outros pontos de vista além daquele que eu vivo não há crítica efetiva possível). É dentro desse raciocínio que pode ser lida como oportuna a lei que institui a obrigatoriedade do estudo da história e cultura afro-brasileira, mesmo em comunidades – como é comum no Paraná – compostas na sua maior parte por descendentes de holandeses, poloneses, ucranianos e alemães: para evitar uma visão etnocêntrica do mundo e para prevenir o comportamento excludente, considerando que a modernização tende a colocar rapidamente em convívio multicultural as diferentes comunidades. Do mesmo modo, o estudo das culturas indígenas na Argentina é importante, mesmo que essas populações sejam hoje tão pouco expressivas em termos de composição populacional.

Por outro lado, o ensino da diferença é fundamental na própria elaboração de uma perspectiva do passado que considere o que não aconteceu, os projetos dos vencidos, uma história das ideias de mundo: para que não se ensine e não se aprenda que o presente, tal como o conhecemos, era a única possibilidade, com o que acabamos organizando o conhecimento do passado em função do presente (objetivo cognitivo). Também para que percebamos que a realidade não é una, e que é histórica, portanto modificável, dependente da ação humana, e que vale a pena agir na esfera coletiva, quebrando o principal auto de fé neoliberal, que é a ação individualista salvadora de si mesmo. Para que alguém possa agir, é preciso uma perspectiva de futuro, uma utopia no melhor sentido.

Além dessa extensão dos estudos históricos ao futuro (ou os futuros do passado, ou, ainda, os futuros do presente), a incorporação do conceito de consciência histórica reforça a exigência de que o ensino dê conta também do presente, do qual um dos formatos é a história recente ou história do tempo presente. Sobre isso, o historiador argentino Gonzalo de Amézola traça um quadro que vale também para o Brasil:

> Embora esses conteúdos [de história recente] não estivessem totalmente ausentes do ensino, restringiam-se a pouco mais que sobrevoar rapidamente alguns poucos acontecimentos das últimas décadas de nosso passado e, à medida que se começava a chegar muito perto do presente, limitava-se ao *racconto*, a uma enumeração asséptica de presidentes. Por outro lado, o fato de que estes temas estivessem posicionados no final do ano facilitava as manobras de desvio e permitia que na maior parte das vezes nem sequer estes propósitos modestos se cumprissem. Normalmente, em novembro tocava o gongo do último *round* do ciclo letivo sem que a história recente tivesse tocado as luvas com os alunos. O passado próximo tende a ser incômodo e, se possível, é prudente desviar-se dele.
>
> (Amézola, 1999:137, tradução nossa)

Considerar que a consciência histórica se forma também por um superávit de intencionalidade presente em todas as decisões e ações pode ser entendido como considerar que não há nem história nem consciência histórica sem uma dose razoável de utopia. O conhecimento da diferença – espacial, cultural, temporal – educa nossa mente para imaginar a alteridade e aplicá-la a nós mesmos. Como argumentamos no início deste livro, a criação na história não acontece a partir do nada, do vazio, mas das peças que temos à mão para combinar diferentemente e imaginar os projetos coletivos de futuro e as "comunidades de destino".

O que, em suma, o conceito de consciência histórica oferece para o ensino da história? Em primeiro lugar, afasta-se uma visão voluntarista e messiânica que, sob diferentes formas, proponha a "conscientização histórica" dos "sem-consciência" porque, como argumentamos, isso não existe: como todos navegam por suas vidas conduzidos pela correnteza do tempo, todos têm que definir instrumentos e projetos para navegá-lo, e esse procedimento básico de viver é a consciência histórica em ação. Se pensamos em como o conceito de consciência histórica influi sobre os objetivos educacionais, o conceito de competência narrativa é muito mais importante.

O objetivo da educação histórica não é formar a consciência histórica, no sentido de pressupor que ela não existe no educando, para poder criá-la. Também não é fazer com que todos "cheguem" ao "nível" da "consciência histórica genética", porque as pessoas não são ou estão em um dos tipos de ge-

Palavras finais

ração de sentido histórico. Uma forma de geração de sentido pode ser predominante ou mais frequente nas narrativas produzidas por um grupo. No caso de professores de história, por exemplo, predomina a forma genética, que articula as demais. Seguem-se, pela ordem, o modo crítico e o exemplar, sendo que o tradicional praticamente não é verificado. Entretanto, o fator religioso e sua participação na construção de sentidos para a maioria dos entrevistados na pesquisa de Caroline Pacievitch são um indicador da possível permanência de um fator tradicional da consciência histórica, que é a fé em algo transcendente, e na interferência desse transcendente na história. Essa constatação exige que pensemos de outra forma as perspectivas que imaginam que a tradição tem seu espaço reduzido ou anulado na modernidade e nos sujeitos com acesso às conquistas intelectuais dessa modernidade. Ou, como hipótese, trata-se exatamente da perspectiva pós-moderna em que o "isso *ou* aquilo" perde espaço para o "isso *e* aquilo" em novas configurações que não excluem elementos tradicionais de pensamentos, objetivos e práxis modernas. O que parece específico desse tipo de sujeito (professores graduados em história), a confirmar através de pesquisas em outros contextos regionais e culturais, é a configuração de conhecimento histórico, motivações transcendentais e utopias políticas na articulação das interpretações do tempo e elaboração de ações na vida prática.

No quadro atual, com o que sabemos a partir das pesquisas empíricas que estão apenas em seu início, ensinar história considerando a consciência histórica é desenvolver atividades que permitam que o educando conheça história – de preferência a história que, de forma mais aproximada, seja sua história – ao mesmo tempo que conhece diferentes formas pelas quais se lhe atribuiu significado. O famoso bordão de que "o aluno deve produzir conhecimento histórico" não conduz (embora também não impeça) a que ele tenha que fazer pesquisa histórica parecida com a convencional, mas indica muito mais que ele pode construir interpretações passíveis de serem usadas para a sua própria história, que envolve seu passado, presente e futuro. Com interpretação própria (o que não quer dizer exclusiva, mas consciente e informadamente assumida) da história, ele tem condições de ser sujeito autônomo. O uso dos modos de geração de sentido histórico dependerá das situações e contextos em que se insere, já que algo que é tradicional ou crítico em um contexto pode não o ser em outro. Os quatro modos de geração de sentido histórico são ainda uma ferramenta heurística para o estudo empírico da consciência histórica, e a admissão dos mesmos em forma de uma escala obrigatória que constitua objetivo de ensino é algo muito arriscado. O que podemos dizer é que

Ensino de história e consciência histórica

a educação histórica escolar, se realizada com sucesso, deve fornecer os elementos cognitivos para que o sujeito possa produzir sentido histórico de todas as formas, sem ficar preso ao modo tradicional ou exemplar. Isso não significa que devamos conformar consciências para que produzam sentido predominantemente dentro de um ou outro modo. O sujeito é dono de saber quando produz narrativas críticas ou genéticas, e quando produz narrativas exemplares, ou mesmo tradicionais, ao atribuir sentido aos acontecimentos e processos. Ao vislumbrar as possibilidades dos modos crítico e genético, saberá que suas produções de sentido são passíveis de discussão e precisam sustentar-se no argumento, ainda que este venha a ser o argumento da tolerância com aquilo que não se sustenta no pensamento racional, mas que produz vida, dignidade e felicidade. Ainda que o argumento seja indicar os limites da racionalidade instrumental, tecnológica e cartesiana; ainda que se trate de apontar que a razão produz, tantas vezes, um mundo irracional.

Formar o cidadão em nossos tempos, o que envolve formação do senso crítico e da reflexão autônoma, exige compreender que o professor de história (assim como os professores em geral) é um intelectual. Essa afirmativa vem a ser, a um só tempo, uma constatação e um programa. O professor da escola trabalha com uma forma de conhecimento que o professor universitário de história, o historiador "em senso estrito", na maior parte das vezes não domina. Esse domínio é seu salvo-conduto para um diálogo horizontal com os demais intelectuais, desde que despidos do preconceito e das hierarquizações que as divisões sociais do trabalho trouxeram, do fordismo, do taylorismo, no qual universitários e ocupantes de cargos públicos no ministério ou secretarias de educação seriam engenheiros, e o professor seria apenas um operário, executor. Esse esquema nunca funcionou com a educação. Por fim, então, um dos efeitos mais importantes do conceito de consciência histórica é recolocar o papel do professor de história. De um operário do saber histórico, ele passa a poder ser considerado o mediador privilegiado entre as contribuições da ciência histórica e as diversas conformações da consciência histórica dos alunos e comunidades em que se insere devido ao seu trabalho. Essa história está apenas começando.

Referências

ABREU, Martha; SOIHET, Rachel; GONTIJO, Rebeca (Orgs.). *Cultura política e leituras do passado*: historiografia e ensino de história. Rio de Janeiro: Civilização Brasileira/Faperj, 2007.

AMÉZOLA, Gonzalo de. Problemas y dilemas de en la enseñanza de la historia reciente. *Entrepasados*, Buenos Aires, v. IX, n. 17, p. 137-162, 1999.

_____. Tirando al niño con el agua sucia. Sobre las críticas a los cambios en la enseñanza de la Historia introducidos por la "transformación educativa". *Clio & Asociados*, Santa Fe, n. 6, p. 133-154, 2002.

_____. *Esquizohistoria*, La historia que se enseña en la escuela, la que preocupa a los historiadores y una renovación posible de la historia escolar. Buenos Aires: Libros del Zorzal, 2008.

ANGVIK, Magne; BORRIES, Bodo von (Eds.). *Youth and history*: a comparative European survey on historical consciousness and political attitudes among adolescents. Hambourg: Edition Körber-Stiftung, 1997. v. A: Description; v. B: Documentation.

ARIÈS, Phillipe. *O tempo da história*. Rio de Janeiro: Francisco Alves, 1989.

ARON, Raymond. *Dimensiones de la conciencia histórica*. México, DF: Fondo de Cultura Económica, 1984.

ARQUITETURA DA destruição. Direção de Peter Cohen. Produção: Versátil Home Vídeo. Alemanha: Universal, 1992. 1 DVD.

BANN, Stephen. *As invenções da história*: ensaios sobre a representação do passado. Rio de Janeiro: Paz e Terra, 1997.

BERGMANN, Klaus. A história na reflexão didática. São Paulo, *Revista Brasileira de História*, v. 9, n. 19, p. 29-42, set. 1989/fev. 1990.

CARRETERO, Mario. *Documentos de identidad*. La construcción de la memoria histórica en el mundo global. Buenos Aires: Paidós, 2007.

CHAUÍ, Marilena de Sousa. *Cultura e democracia*: o discurso competente e outras falas. 5. ed. São Paulo: Cortez, 1990.

_____. Cultura e democracia. *Crítica y Emancipación – Revista Latinoamericana de Ciencias Sociales*, Buenos Aires, v. 1, n. 1, jun. 2008.

CITRON, Suzanne. *Le mythe national*: L'histoire de France en question. Paris: Ouvriéres, 1987.

FALCON, Francisco J. Calazans. História e representação. In: CARDOSO, Ciro Flamarion; MALERBA, Jurandir (Orgs.). *Representações*: contribuição a um debate transdisciplinar. Campinas, SP: Papirus, 2000. p. 41-79.

FICO, Carlos. *Reinventando o otimismo*: ditadura, propaganda e imaginário social no Brasil. Rio de Janeiro: FGV, 1997.

FLORES, Elio Chaves. Dos feitos e dos ditos: história e cultura histórica. *Saeculum – Revista de História*, João Pessoa, n. 16, p. 83-102, jan./jun. 2007.

FORRESTER, Viviane. *O horror econômico*. São Paulo: Unesp, 1994.

FREIRE, Paulo. *Educação e mudança*. Rio de Janeiro: Paz e Terra, 1979.

_____. *Pedagogia do oprimido*. 25. ed. Rio de Janeiro: Paz e Terra, 1987.

_____. *Pedagogia da autonomia*. Rio de Janeiro: Paz e Terra, 1996.

GADAMER, Hans-Georg. Problemas epistemológicos das ciências humanas. In: FRUCHON, Pierre (Org.). *O problema da consciência histórica*. Rio de Janeiro: FGV, 1998.

GARCIA, Verena R. Aprendizaje histórico: algunas consideraciones e propuestas didacticas desde una óptica alemana. In: SILLER, Javier P.; GARCIA, Verena R. (Coords.). *Identidad en el imaginario nacional*. Reescritura y enseñanza de la historia. Puebla: Buap, 1998.

Ensino de história e consciência histórica

HALL, Stuart. *A identidade cultural na pós-modernidade*. Rio de Janeiro: DP&A, 1999.

HELLER, Agnes. *Uma teoria da história*. Rio de Janeiro: Civilização Brasileira, 1993.

_____; FEHÉR, Ferenc. *A condição política pós-moderna*. 1. ed. Rio de Janeiro: Civilização Brasileira, 1998.

HOBSBAWM, Eric. *A era dos extremos*. O breve século XX: 1914-1991. São Paulo: Companhia das Letras, 1995.

_____; RANGER, Terence. *A invenção das tradições*. 5. ed. Rio de Janeiro: Paz e Terra, 2008.

LAVILLE, Christian. A guerra das narrativas. *Revista Brasileira de História*. São Paulo, v. 19, n. 38, p. 125-138, 1999.

_____. Em história, a memória não vale a razão. *Educação em Revista*, Belo Horizonte, n. 41, p. 13-39, jan./jul. 2005.

LIMA, Maria. *Relações entre língua escrita e consciência histórica*. Tese (Doutorado) – FE/USP, Universidade de São Paulo, São Paulo, 2007.

MARX, Karl. *O dezoito brumário de Luis Bonaparte*. Rio de Janeiro: Vitória, 1961.

PACIEVITCH, Caroline. *Consciência histórica e identidade de professores de história*. Dissertação (Mestrado em Educação) – Setor de Ciências Humanas, Letras e Artes da UEPG, Ponta Grossa, 2007.

ROMERO, Luis Alberto (Coord.). *La Argentina en la escuela*. La idea de nación en los textos escolares. Buenos Aires: Siglo Veintiuno, 2007.

RÜSEN, Jörn. Conscientização histórica frente à pós-modernidade: a história na era da "nova intransparência". *História: questões e debates*, Curitiba, v. 10, n. 18/19, p. 303-328, 1989.

_____. El desarollo de la competencia narrativa en el aprendizaje histórico. Una hipótesis ontogenética relativa a la consciencia moral. *Propuesta Educativa*, Buenos Aires, n. 7, p. 27-36, 1992.

_____. A história entre a modernidade e a pós-modernidade. *História: questões e debates*, Curitiba, v. 14, n. 26/27, p. 80-01, jan./dez. 1997.

_____. *Teoria da história*. Brasília: UnB, 2001a. v. I. Razão histórica: os fundamentos da ciência histórica.

_____. *What is historical consciousness?* – A theoretical approach to empirical evidence. In: CANADIAN HISTORICAL CONSCIOUSNESS IN AN INTERNATIONAL CONTEXT: THEORETICAL FRAMEWORKS, 2001b, Vancouver. *Proceedings...* Vancouver: University of British Columbia, 2001b. Disponível em: <www.cshc.ubc.ca/pwias/viewabstract.php?8>. Acesso em: nov. 2010.

_____. Didática da história: passado, presente e perspectivas a partir do caso alemão. *Práxis Educativa*, Ponta Grossa, PR, v. 1, n. 2, p. 7-16, jul./dez. 2006.

_____. *Teoria da história.* Brasília: UnB, 2007. v. III. História viva.

Livros publicados pela Coleção FGV de Bolso

(01) *A história na América Latina – ensaio de crítica historiográfica* (2009)
de Jurandir Malerba. 146p.
Série 'História'

(02) *Os Brics e a ordem global* (2009)
de Andrew Hurrell, Neil MacFarlane, Rosemary Foot e Amrita Narlikar. 168p.
Série 'Entenda o Mundo'

(03) *Brasil-Estados Unidos: desencontros e afinidades* (2009)
de Monica Hirst, com ensaio analítico de Andrew Hurrell. 244p.
Série 'Entenda o Mundo'

(04) *Gringo na laje – produção, circulação e consumo da favela turística* (2009)
de Bianca Freire-Medeiros. 164p.
Série 'Turismo'

(05) *Pensando com a sociologia* (2009)
de João Marcelo Ehlert Maia e Luiz Fernando Almeida Pereira. 132p.
Série 'Sociedade & Cultura'

(06) *Políticas culturais no Brasil: dos anos 1930 ao século XXI* (2009)
de Lia Calabre. 144p.
Série 'Sociedade & Cultura'

(07) *Política externa e poder militar no Brasil: universos paralelos* (2009)
de João Paulo Soares Alsina Júnior. 160p.
Série 'Entenda o Mundo'

(08) *A Mundialização* (2009)
de Jean-Pierre Paulet. 164p.
Série 'Sociedade & Economia'

(09) *Geopolítica da África* (2009)
de Philippe Hugon. 172p.
Série 'Entenda o Mundo'

(10) *Pequena introdução à filosofia* (2009)
de Françoise Raffin. 208p.
Série 'Filosofia'

(11) *Indústria cultural – uma introdução* (2010)
de Rodrigo Duarte. 132p.
Série 'Filosofia'

(12) *Antropologia das emoções* (2010)
de Claudia Barcellos Rezende e Maria Claudia Coelho. 136p.
Série 'Sociedade & Cultura'

(13) *O desafio historiográfico* (2010)
de José Carlos Reis. 160p.
Série 'História'

(14) *O que a China quer?* (2010)
de G. John Ikenberry, Jeffrey W. Legro, Rosemary Foot e Shaun Breslin. 132p.
Série 'Entenda o Mundo'

(15) *Os índios na história do Brasil* (2010)
de Maria Regina Celestino de Almeida. 164p.
Série 'História'

(16) *O que é o Ministério Público?* (2010)
de Alzira Alves de Abreu. 124p.
Série 'Sociedade & Cultura'

(17) *Campanha permanente: o Brasil e a reforma do Conselho de Segurança das Nações Unidas* (2010)
de João Augusto Costa Vargas. 132p.
Série 'Sociedade & Cultura'

(18) *Ensino de história e consciência histórica: implicações didáticas de uma discussão contemporânea*
de Luis Fernando Cerri. 138p.
Série 'História'

Este livro foi impresso nas oficinas gráficas da Editora Vozes Ltda.,
Rua Frei Luís, 100 – Petrópolis, RJ,